Thomas Tanner

Im Lande der Hindus

Thomas Tanner

Im Lande der Hindus

ISBN/EAN: 9783743341203

Hergestellt in Europa, USA, Kanada, Australien, Japan

Cover: Foto ©Andreas Hilbeck / pixelio.de

Manufactured and distributed by brebook publishing software
(www.brebook.com)

Thomas Tanner

Im Lande der Hindus

Im Lande der Hindus

Oder:

Kulturschilderungen aus Indien.

Mit besonderer Berücksichtigung der Evangelischen Mission.

Von Th. Tanner.

—⸗⸻⸺—

Herausgegeben von der Deutschen Evang. Synode von Nord-Amerika.

—⸗⸻⸺—

ST. LOUIS, MO.
1894.

Vorwort.

Zur Erlösung unseres gefallenen Geschlechtes bedurfte es der Menschwerdung Christi, seines Leidens und Sterbens. Zur gesegneten Einwirkung auf die Heidenwelt und zu erfolg= reicher Missions=Arbeit bedarf es der Christwerdung des Mis= sionars. Das Leben Christi muß den Heiden durch den Missio= nar vorgedacht, vorgesprochen, vorgemalt und vor allen Dingen vorgelebt werden. Des heidnischen Volkes Sünde und Verder= ben muß des Missionars Sünde und Not werden. In gewissem Grade nimmt der Missionar auf sich des Volkes Krankheiten und Schmerzen. Ein solcher Missionar ist dann imstande, unter seinen Leuten zu zeugen und mit viel Liebe und Geduld zu wir= ken im Blick auf den, der ihn gesandt und ihm ein Beispiel gege= ben hat, daß er nachfolge seinen Fußstapfen.

Unsere Missionare in Indien haben seit Jahren sich im Glaubensgehorsam gegen ihren Herrn und Meister in aller Stille in ihre schöne Arbeit, als Botschafter Christi unter den Heiden, hineingelebt. Von den Erfolgen ihrer gesegneten Arbeit ist nicht viel in die Öffentlichkeit gedrungen. Wer indes unsern monatlichen Missionsfreund regelmäßig und aufmerksam gele= sen, hat immer das Nötige über unsere dortigen Brüder und ihr Werk erfahren.

Das vorliegende Büchlein aber, das Indien und seine Be= wohner in eingehender Weise beschreibt, kommt einem längst ge=

fühlten Bedürfnis entgegen. Und auch auf die Fragen: Wo
sind unsere Missionare, unter welchem Volksstamme in Indien
arbeiten sie, wie sieht es dort unter den Heiden und in Indien
überhaupt aus, ist es nötig, etwas für die dortigen Heiden zu
thun, und gibt der Herr seinen Segen zur Arbeit unserer Brü=
der? — auf solche und ähnliche Fragen gibt das Büchlein er=
wünschte Auskunft.

Ein Buch über anderer und eigene Missionsarbeit zu schrei=
ben, ist nicht jedermanns Ding. Dem Verfasser der gegenwär=
tigen Schrift kann man es abfühlen, daß er zu dieser Arbeit be=
rufen ist. Seine Absicht ist, der Synode ihr Missionsfeld in
Indien näher zu rücken und vor die Augen zu stellen und sie zu
fernerer treuer Arbeit anzuspornen. Aber auch andere Leser,
außerhalb unserer Synode, werden dem Verfasser für die empfan=
gene Belehrung und Anregung Dank wissen.

Möge das Büchlein in allen unsern Gemeinden, in jeder
Familie und wo immer es gelesen werden mag, unter Gottes
Segen die Liebe zum Missionswerk wecken und fördern helfen.

J. Z.

Vorwort des Verfassers.

So unansehnlich dies Büchlein auch ist, und so gering sein Inhalt erscheinen mag, so hat es doch eine verhältnismäßig lange Vorgeschichte. Im Jahre 1888 wurden von seiten der ehrw. Verwaltungsbehörde unserer Mission in Indien die Missionare aufgefordert, ein Büchlein zu verfassen, welches die Zustände Indiens, seiner Völker und Genossenschaften, und insbesondere die Verhältnisse Chattisghars und unserer Mission in jenen Distrikten schildern sollte. Wir verteilten die Arbeit unter uns, und ein jeder der Missionare (O. Lohr, J. Lohr, Stoll, Jost und Tanner) sandte seine Arbeit an das Präsidium der ehrw. Verwaltungsbehörde ein. Leider konnten die verschiedenen Manuskripte, welche auf diese Weise zu Handen der Verwaltungsbehörde kamen, nicht zu einem „Ganzen" vereinigt werden. Teilweise war die Lückenhaftigkeit der einzelnen Berichte, teils die Wiederholungen und Widersprüche, welche in ihnen zum Vorschein kamen, die Schuld, daß diese Arbeiten einfach beiseite gelegt wurden.

Nach meiner Rückkehr von Indien wurde ich nun aufgefordert, die Redaktion dieser vorliegenden Schrift zu übernehmen. In welcher Weise ich meiner Aufgabe gerecht geworden bin, unterliegt nun dem Urteil der Leser. Ich fühle mich aber noch verpflichtet, an dieser Stelle dem lieben Bruder Julius Lohr meinen Dank auszusprechen für die Hilfe, die er mir hat zu teil werden lassen, indem er aus dem Schatze seiner reichen Erfahrung mir manches Interessante und bisher Unbekannte mitgeteilt hat. Auch gebührt dem Herrn Pastor K. Kurz von Burlington, Jowa, Anerkennung für die Überlassung der von ihm verfertigten photographischen Aufnahmen.

Monroe, Wisconsin.   Der Verfasser.

Inhaltsverzeichnis.

1. Teil. — Indien.

2. Teil. — Chattisghar.

Verzeichnis der Illustrationen.

Erster Teil. --- Indien.

Geschichtlicher Überblick.

Indien, das sich vom Himalajagebirge in südlicher Richtung als eine große, zugespitzte Halbinsel in den indischen Ozean hinein erstreckt, ist ein seit uralten Zeiten bekanntes, äußerst fruchtbares und deshalb dicht bevölkertes Land, ein Land, welches zu allen Zeiten großen Einfluß auf die Abendländer ausgeübt hat.

Lange vor Christi Geburt zog von Nordwesten her ein Teil des großen arischen Volkes über die Bergpässe Afghanistans hinunter in die Ebenen des Punjab, während der andere Teil desselben Volkes, sich westlich wendend, in Persien, Kleinasien und Osteuropa sich Wohnsitze eroberte. In Nordindien, wo der Ganges und Indus weite Länderstrecken befruchten, ließen sich die Einwanderer nieder, ein Volk von heller Hautfarbe, im Besitze einer ausgebildeten Sprache, Religion und Poesie, geistig viel höher stehend als die dunkelfarbigen Ureinwohner des Landes. Nicht allein durch Waffengewalt, sondern weit mehr durch seine geistige und moralische Überlegenheit gewann dieses Volk im Laufe der Jahrhunderte einen überwiegenden Einfluß auf ganz Indien. Der größere Teil der Nichtarier, d. h. der Ureinwohner, zog sich vor den anrückenden Scharen nach dem Süden des Landes zurück, behielt seine Sprachen unvermischt, assimilierte sich aber nach und nach in religiöser und sozialer Hinsicht mit den mächtigeren Nachbarn. Der am angestammten Boden haften bleibende Teil der Ureinwohner wurde unterjocht und als dienstbares Volk mit Gewalt auf der niedrigen geistigen Stufe zurückgehalten. Es fand zwar mit der Zeit eine teilweise

7

Verschmelzung von Ariern und Nichtariern statt, indem Misch=
linge aus diesen beiden Völkern als eine vierte Kaste, Shudras,
den drei vorhandenen Kasten der Arier: Brahminen (Priester),
Eshatryas (Krieger) und Vaishyas (Kaufleute und Handwerker)
beigeordnet wurden.   Die ersten drei Kasten wurden als zwei=
mal geborene und heilige proklamiert; die Shudras dagegen
wurden zu einer unheiligen Kaste gestempelt.   Sie blieben von
religiösen, staatlichen und militärischen Stellungen ausgeschlossen
und wurden auf das Niveau vollständiger Knechtschaft herunter=
gedrückt.   Diese Knechtschaft war freilich keine persönliche, wie
dies bei der eigentlichen Leibeigenschaft und Sklaverei der Fall
ist, sondern eine allgemeine, ähnlich derjenigen, welche Josua den
Gibeoniten auferlegte.   Die Gesamtkaste der Shudras wurde
Eigentum der drei oberen Kasten der Hindus, so daß irgend ein
Brahmine oder Eshatrya oder Vaishya einen Shudra zu einer
Dienstleistung zwingen konnte.   Ja, das Töten eines Shudra von
seiten eines Brahminen wurde als ein Vergehen angesehen, das
mit dem Töten eines unreinen Tieres auf gleicher Stufe stand.

Während der Lebenszeit des Stifters des Buddhismus, Sakya
Muni oder Gautama, brachen unter Darius Hystaspes persische
Horden in Indien ein und überschwemmten das heutige Punjab,
welches eine persische Provinz wurde; zweihundert Jahre später
eroberte Alexander der Große einen Teil Nordindiens, und wie
die Perser gethan hatten, so ließ auch er wieder Leute verschie=
dener Rasse und Abstammung in Indien zurück.   Nachdem nun
noch nacheinander von Persien, Afghanistan, Balk Völkerschaf=
ten in Indien eingewandert waren, teils als Eroberer, teils als
Flüchtlinge (wie die Parsis, welche sich bis auf den heutigen Tag
unvermischt erhalten haben und auf das öffentliche Leben in
Bombay großen Einfluß ausüben), begannen zu Ende des zehn=
ten Jahrhunderts die Mohammedaner ihre Eroberungen in In=
dien, und es gelang ihnen, nach und nach ganz Indien zu unter=
jochen.   Es geschah dies weniger durch Waffengewalt, als durch
eine Verkettung verschiedener Umstände, unter denen besonders
der hervorzuheben ist, daß die Eindringlinge keinen nationalen
und organisierten Widerstand fanden.   Die Bewohner Indiens

gehören eben verschiedenen Völkern und Stämmen an. Zersplit=
tert in eine immer wechselnde Anzahl kleinerer und größerer Kö=
nigreiche und Fürstentümer, ohne innerlichen Zusammenhang,
den nur gemeinsame Interessen, gemeinsame Sprache und Reli=
gion zu geben imstande sind; durch das Kastenwesen unter sich
mehr abgesondert und von einander geschieden als verbunden,
war Indiens Bevölkerung fast wehrlos den an und für sich
schwachen Horden der Eroberer preisgegeben. Ja, die Moham=
medaner fanden an den unterdrückten Ureinwohnern entschiedene
Freunde, welche teilweise sehr schnell ihre Religion annahmen und
so die politische Kraft der Eroberer stärkten. Der vollständige
Mangel eines nationalen Gefühls ließ die Hindus nur da zur
Abwehr sich erheben, wo sie eben angegriffen wurden, und so
geschah es, daß die Mohammedaner nach und nach über 100 Mil=
lionen Hindus sich unterwarfen und dieselben Jahrhunderte lang
beherrschen konnten. Wie aber diese mohammedanische Macht
und Herrlichkeit sozusagen ohne Hände aufgebaut ward, so wurde
sie auch wieder ohne Hände zerbrochen. Vor etwa dreihundert
Jahren fing eine Gesellschaft englischer Kaufleute an, in Indien
Geschäfte zu treiben. Teils durch Kauf, teils durch List und Ge=
walt brachte diese Compagnie bald ungeheure Landstriche unter
ihre Botmäßigkeit. Ihren Beamten gelang es, für die eingebornen
Fürsten Staatsgeschäfte verrichten zu dürfen, natürlich zu ihrem
eigenen Vorteil, und oft geschah im kleinen, was zuletzt im großen
vollbracht wurde.

Wie nämlich einst der fränkische Hausmeier Pipin den letzten
Merowinger König einfach ins Kloster sandte und sich selbst die
königliche Krone aufsetzte, so erklärte eines Tages ein englischer
General=Gouverneur dem letzten Kaiser der Moguldynastie, für
welchen er lange Zeit staatliche Geschäfte verwaltet hatte: „Von
nun an sind wir die dominierende Macht in Indien!"—Was nun
die ostindische Compagnie mit so merkwürdigem Erfolge geschaf=
fen und erworben hatte, wurde in diesem Jahrhundert von der
englischen Krone übernommen, und die Königin Victoria von
England ward vor einigen Jahren als Kaiserin von Indien pro=
klamiert. Damit hat also England die Herrschaft über 250 Mil=

lionen Menschen und die Verantwortlichkeit für ihr Wohlergehen übernommen. Im Rückblick auf die Geschichte Indiens muß man sich nun fragen: Was wird in Indien unter Englands Zepter geschehen? Daß durch Englands Regierung auch europäische Zivilisation nach Indien gelangt, steht außer Frage; wird aber diese Zivilisation im Laufe der Zeit eine nationale Idee zeitigen, auf Grund welcher eine nationale Regierung die englische ablösen kann? Wird Christi Kreuz unter englischer Vormundschaft in Indien aufgepflanzt und der christliche Glaube die Grundlage der künftigen indischen Nation werden? Oder werden erst die unter neuen Verhältnissen zur Nation gewordenen Völker als Nation das Evangelium annehmen? Wer kann das sagen?

Völker und Sprachen Indiens.

Hinsichtlich der verschiedenen Staaten Indiens ist zu unterschei= den zwischen 1) „englischen Besitzungen," welche von England, respekt. von der indischen Regierung, direkt verwaltet werden; 2) abhängigen Staaten, welche eine beschränkte Selbstregierung unter Aufsicht englischer Beamten besitzen; 3) unabhängigen Staaten, wie Mysore, Hydarabad, Indore, welche aber durch Verträge mit England verbunden sind und unter englischer Vor= mundschaft stehen.

Abhängige Staaten, von welchen immer mehrere zu einer Agentur verbunden, oder auch einzelnen Distrikten zugeteilt wer= den, gibt es 334, mit etwa 10 Millionen Einwohnern; unab= hängige Staaten 61, mit 47 Millionen Einwohnern. Die größten unter ihnen sind Hydarabad mit 10, Mysore mit 5 Millionen, Nepaul, Jodhpore, Gwalior, Rewa, Baroda, Travancore mit je 2 Millionen Einwohnern.

In unmittelbarem englischen Besitze sind in Bengalen 519,000 Quadratmeilen mit 136 Millionen Einwohnern, in Madras 138,000 Quadratmeilen mit 31 Millionen Einwohnern und in Bombay 125,000 Quadratmeilen mit 16 Millionen Einwohnern, also in

runder Summe 782,000 Quadratmeilen mit 183 Millionen Ein=
wohnern. Zählt man die Nativestaaten mit 650,000 Quadratmei=
len und 57 Millionen Einwohnern dazu, so gibt das ein Areal
von 1,462,000 Quadratmeilen und 240 Millionen Einwohnern,
das Königreich Burma nicht mit eingerechnet.

Welch ein großes Land und in ihm wie viele Rassen, Spra=
chen, Völker und Bildungsstufen! Über ganz Indien zerstreut,
in allen ausgedehnten Waldbezirken und Hügelländern, wohnen
als Stämme dunkelfarbige Ureinwohner, welche zum Teil noch
Barbaren genannt werden können.

So die Pulias, Mundarers und Kaders im Süden. Sie
haben keine festen Wohnsitze, leben von der Jagd und von Wald=
früchten und huldigen zum Teil noch der Polyandrie, nach welcher
Sitte eine Frau mit mehreren Männern in Ehe lebt. An der
östlichen Küste Indiens finden wir die Patuas, d. h. die Blatt=
träger. Bis vor kurzem kleideten sich die Frauen dieses Stammes
nur mit losen Blättern, während die Männer nackt gingen. Nun
verteilte aber die Regierung durch Agenten unentgeltlich Kattun=
stoffe unter sie, und diese Neuerung verdrängt jetzt nach und nach
die alte „Tracht.“ In den Thälern des Himalaja finden sich die
Akas, ein sehr rohes, auf tiefster Stufe der Kultur stehendes
Volk, und in den Zentralprovinzen, also auf dem Felde unserer
Mission, die Gonds, welche als gute Bogenschützen mit ihren
Pfeilen den Tiger und Panther auf ziemliche Entfernung töten.
Neben ihnen sind noch die Maris bemerkenswert, ein äußerst
furchtsames und scheues Völklein. Wenn ein Fremder sich nur
blicken läßt, so lassen sie alles im Stich und fliehen davon.

Diese genannten Stämme sind in religiöser Beziehung ebenso
tiefstehend als in moralischer und intellektueller Hinsicht. Die
meisten treiben Dämonenkultus und verehren Gottheiten, welche
sie sich nur als boshaft denken. — Zu den Ureinwohnern, aber
etwas höher stehend als die angeführten Stämme, gehören auch
die Santals in Bengalen. Ausschluß aus dem Stamme wird bei
ihnen als eine genügende Strafe für die größten Vergehen

betrachtet. Die Unsitte der Kinderehe findet sich bei ihnen nicht;
sie treiben auch keine Vielweiberei und ehren die Frauen. Ihre
Toten verbrennen sie. Aber auch sie kennen keine freundlichen
Gottheiten, und die Wald=, Feld=, Berg= und Brunnen=Geister,
welchen sie dienen, halten sie für äußerst neckisch und gefährlich.
Einen allmächtigen Gott, der in seiner Allmacht sie nicht sogleich
mit Haut und Haar verschlingen würde, können sie sich gar nicht
vorstellen. Liebe ist ihnen ein unverstandener Begriff.

Ähnlich den Santals lebt im Osten Mittelindiens ein Volks=
stamm, der sich Kandhs, auch Konohs, d. h. Bergbewohner, nennt.
Sie leben, etwa 100,000 Köpfe stark, auf den mit Wald bestan=
denen Hügelketten Orissas, am bengalischen Meerbusen. Bei
ihnen ist der Vater absolutes Familien=Oberhaupt. Die Söhne
besitzen kein Eigentum, solange der Vater lebt, sondern sie woh=
nen bei ihm und arbeiten für ihn. Blutrache, auch Zweikämpfe,
sind bei ihnen heimisch. Beschädigt aber einer den andern im
Streit, so muß er ihn bis zu seiner Wiederherstellung erhalten.
Gestohlenes Gut muß zurückgegeben werden, und wer zweimal
beim Diebstahl ertappt wird, muß das Land verlassen. Land darf
bei ihnen nur derjenige besitzen, der es mit eigener Hand vertei=
digen kann; also keine Frau. Die Heiratszeremonie besteht im
glücklichen Raube der Braut bei gelegentlichen Festen, jedoch nur
nach vorher geschlossener Verlobung. Ihre Hauptgottheit ist der
Erdgott, welchem Menschenopfer dargebracht wurden und heimlich
wohl bis heute gebracht werden. Zu den Mischlingsstämmen,
vermehrt durch kastenlos gewordene Arier, gehören die Chamars
in Chattisghar. Unter ihnen finden sich Leute von ganz heller
Hautfarbe und edlem Gesichtstypus neben ganz schwarzen Men=
schen, die ihre Abkunft von Nichtariern nicht verleugnen können.
Was nun die Arier anbetrifft, so zerfallen dieselben, wie schon
bemerkt, in die drei Kasten der Brahminen, Kshatryas und
Vaishyas, denen die Shudra beigeordnet sind. Die Reaktion
des Brahmanismus gegen den 900 Jahre lang in Indien herr=
schenden Buddhismus, welcher von den höheren Kasten ange=
nommen ward, hat aber mit jener Religion nicht ganz aufräumen
können. Es leben deshalb mit und unter den brahmanischen

Kastenleuten buddhistische Arier und Jains, wenn auch nicht in
sehr großer Anzahl, und ungefähr 50 Millionen Mohammedaner,
von welch letzteren später die Rede sein wird.

Einem Besucher Indiens wird in kurzer Zeit eine gewisse
Klasse von Menschen auffallen, welche fast durchgängig schlank
gebaut sind und einen wohlgeformten Kopf mit edlem Gesichts=
typus, feinem Mund, leichtgebogener Nase und hoher Stirn
besitzen. Hellfarbiger denn die Ureinwohner, mit stolzem, kaltem
Blick, bewegen sie sich gemessen und würdevoll und nehmen mit
ebenso gleichgültiger Miene die Ehrenbezeugungen der Menge an,
wie sie gleichgültig und ruhig dem Europäer ins Auge schauen.
Diese Leute sind Brahminen.

Seit uralter Zeit versehen sie die eigentlichen gottesdienst=
lichen Handlungen. Obschon sie sich selbst vom königlichen Amt
und weltlicher Macht ausschlossen, gelang es ihnen, die geistliche
Gewalt um so ausschließlicher sich anzueignen und über die
übrigen Kasten eine geistige Suprematie aufzurichten, welche bis
auf den heutigen Tag nicht erloschen ist. Von jeher waren sie
die Räte der Könige, die Lehrer des Volkes, die Hüter der Über=
lieferungen und heiligen Bücher, die Gesetzgeber und Religions=
lehrer. Was Indien an reiner Poesie besitzt, ist Erzeugnis der
Brahminen. Die sieben verschiedenen philosophischen Schulen,
deren Indien sich rühmt, haben die Brahminen gestiftet, und was
an litterarischen Schätzen vorhanden ist, samt einer edlen, ausge=
bildeten Sprache, ist ihr Werk. In früheren Zeiten waren ihre
Kenntnisse in Astronomie und Medizin berühmt.

Viele Stürme sind über die Völker Indiens dahingegangen,
ein Eroberer nach dem anderen kam und ging, Königreiche wur=
den gegründet und verschwanden, Weiber und Sklaven, Einhei=
mische und Fremde haben geherrscht, religiöse Umwälzungen
haben stattgefunden, neue Gottheiten wurden eingeführt, alte
vergessen, aber durch alle Zeiten hindurch, unbewegt wie vor
Jahrtausenden, stehen die Brahminen heute noch da und herr=
schen, ebenso selbstbewußt, ebenso hochmütig, wie ehedem, nicht
als Beamte einer Krone, sondern als ein vom Volke anerkanntes
und verehrtes göttliches Geschlecht. — Woher kommt nun diese

Eine Gruppe Brahminen mit Götzenzeichen.

Machtstellung der Brahminen, da die Grundlage ihrer Macht ja doch offenbar ein Mythus ist?

Der Brahmine hat nie nach weltlicher Macht gestrebt, darum ließ man ihm auch seine geistlichen Ansprüche ungeschmälert. — Die Eroberer fanden an den Brahminen keine Kronprätendenten, keine Feinde in Waffen, ja nicht einmal Freunde und Berater ihres eigenen Volkes. Was kümmerte den Brahminen die Politik, oder wie der weltliche Herrscher hieß, oder zu welcher Religion der gehörte, unter dessen Zepter Indiens Völker seufzten? Ob Alexander, Pritvi, Ray oder Akbar, ob Hindu, Muselmann oder Ostindische Compagnie, das war ihnen gleich, sie gleichen ja doch einer dem anderen; und der Brahmine stand dabei und lächelte verächtlich über die Tyrannei und über das elende, geknechtete Volk, erhielt er ja doch zu allen Zeiten ungeschmälert den Tribut göttlicher Verehrung. Ungleich dem Papsttum hat das Brahminentum nie nach weltlicher Herrschaft getrachtet, darum sind seine Hausgenossen seine Freunde geblieben; und weil das Brahminentum nicht nur nahm, was das Volk gut geben konnte und gerne gab, sondern auch gab, was das Volk anstaunte: Sprache, Schrift, Poesie, Philosophie, Gesetze und bequeme Götter, so fand es keine gefährlichen Feinde.

Der Lebensgang eines Brahminen gestaltete sich in folgender Weise:

„Jeder Tag brachte dem Brahminen seine zugemessenen Zeremonien, Studien und Pflichten. Ihr Leben war eingeteilt in vier verschiedene Grade oder Abstufungen. Die erste begann, nicht bei der Geburt, sondern mit dem Tage, an welchem der Brahminenknabe die heilige Schnur der zweimal Geborenen anlegte. Von da an war er bekleidet mit der vollen religiösen Würde des Brahminen.

„Seine Jugend brachte der Knabe mit dem Erlernen der heiligen Schriften der Hindus aus dem Munde eines älteren Brahminen zu. Er reichte das heilige Feuer und diente seinem Lehrer. Nachdem seine Studien vollendet waren, trat er in den zweiten Abschnitt seines Lebens. Er heiratete und verrichtete seine Pflichten als Hausherr und Hausvater eine bestimmte Zeit

lang. Dann zog er sich von seiner Familie zurück und lebte als
Einsiedler von Wurzeln und Kräutern, unter Beobachtung stren=
ger religiöser Obliegenheiten. Die vierte Stufe war die eines
religiösen Bettlers, der von allen weltlichen Geschäften sich zurück=
gezogen hatte, danach ringend, solch eine Geistesverfassung sich
zu erwerben, welche, unbekümmert um Freud und Leid oder
körperliche Notdurft, ganz aufgeht in der Versenkung in die Gott=
heit. In diesem vierten Stadium seines Lebens aß der Brahmine
nur, was ihm ungebeten dargereicht wurde, blieb nie mehr als
einen Tag in einem Dorfe, damit die Annehmlichkeiten des Lebens
nicht etwa wieder Gewalt über seinen Geist bekämen; bis an sein
Ende lebte er mit äußerster Einfachheit, trank keinen Wein und
bezähmte seines Fleisches Gelüste. Er zog in keinen Krieg;
seine Pflicht war ja zu beten und nicht zu kämpfen. Die Weltan=
schauung dieser Brahminen charakterisiert einer der Ihrigen mit
folgenden Worten: ,Was ist die Welt? Sie ist wie der Ast eines
Baumes, auf dem der Vogel über Nacht ausruht und am Mor=
gen davon fliegt.'"

Doch hier auf Erden ist alles der Veränderung und dem
Wechsel unterworfen, auch das Brahminentum. Die Macht neuer
Verhältnisse wird auch für diese alte Institution zum Totengrä=
ber werden. Wohl begegnet man noch vielerorts dem Brahminen
alten Schlages, der wie seine Vorväter denkt und handelt, lebt
und stirbt. Aber ein großer Teil der Brahminen fängt an, von
Jahr zu Jahr mehr Anteil am öffentlichen Leben zu nehmen und
nach politischer Macht und nach Einfluß zu streben. Man findet
heute die Brahminen in der Armee, in den öffentlichen Ämtern,
in den Warenhäusern der Kaufleute und auf den Lehrstühlen der
Hochschulen. Sie sind Dorfbesitzer und Semindare (kleine Für=
sten) und scheuen nur noch vor einem zurück, vor dem Handwerk.
Damit hat nun aber auch ihr Fall begonnen, und er wird sich
schneller vollziehen, als man denkt. Ihr geistlicher Einfluß läßt
nach, und ihre alte Stellung wird bald unwiderruflich verloren
sein, es sei denn, daß das moderne Brahminentum sich auf wis=
senschaftlichem und administrativem Gebiet das zurückerobert, was
es auf religiösem aufgeben muß.

Das Christentum rüttelt am alten Baume des Brahmanismus, aber von der christlichen Zivilisation nimmt der Brahmine neue Mittel zu einer erneuerten Herrschaft über das niedere Volk. Die Brahminen sind eben unbestreitbar die tüchtigste und brauchbarste Menschenklasse unter den Millionen Indiens, und es mag ihnen vorbehalten sein, den Anstoß zu einer nationalen Bewegung der Hindus zu geben, diese zu leiten, die Völker Indiens zu einigen (gerade wie sie dieselben Jahrtausende hindurch entzweit haben) und Indien von fremder Herrschaft zu befreien.

Die Gschatryas oder die Kriegerkaste, die sich nur in spärlichen Resten rein erhalten hat, besonders unter den kriegerischen Marhatten, und namentlich die Vaishyas, die Handelskaste, sind in unzählige Unterkasten zersplittert. Fast jedes Handwerk bildet eine besondere Kaste. Außer in geschäftlicher Beziehung besteht zwischen den verschiedenen Kasten keinerlei Verkehr. Das Essen und Trinken mit Angehörigen anderer Kasten zieht Verlust der Kaste nach sich. Das gesamte öffentliche und private Leben ist durch Kastengesetze bis ins einzelnste hinein geregelt. Übertretungen mancher Gebote können gesühnt werden durch Speisung der Kastenangehörigen und Geschenke an die Brahminen; andere hingegen sind nicht sühnbar und haben Ausschluß aus der Kaste zur Folge. Da das Anrühren eines toten Tieres oder eines für unrein erklärten Dinges zu den letzteren Vergehen gehört, so werden bis auf den heutigen Tag die einst geknechteten Ureinwohner zu solchen Geschäften verwendet, welche die Hindus unrein machen würden. Sie sind Auskehrer, Köche, Schuhmacher, Jäger, Sattler u. s. w. Daß die Kastenregeln konsequent nicht durchführbar sind, liegt in der Natur der Sache. So ist Leder unrein, also sind Schuhmacher, Sattler und Gerber auch unrein, aber ein verfertigter Schuh ist nicht unrein, und auf einem ledernen Sattel sitzen verunreinigt nicht. Ein Hindu darf einen Shudra nicht anrühren, aber als Soldaten stehen sie Schulter an Schulter und essen im Felde auch wohl miteinander, ohne daß dieses auf ihre Kaste nachteiligen Einfluß ausüben würde. Wasser aus der Hand eines fremden Kastenangehörigen annehmen zieht Verlust der Kaste nach sich, doch Medizin nehmen sie alle aus der Hand der

2

Ärzte. In den Hospitälern wird die Medizin ihnen freilich in den geöffneten Mund geschüttet, damit die heiligen Lippen am unreinen Gefäße sich nicht verunreinigen.

So reich Indien an Rassen, Völkern und Stämmen ist, so reich ist es auch an Sprachen. Diese haben gegenseitig einander mehr beeinflußt und verändert, als es die verschiedenen Stämme und Kasten gethan. Sprachregeln sind eben keine Kastengesetze, und eine Vermählung und Verschmelzung zweier oder mehrerer Sprachen in eine macht diese nicht moralisch tot, wie dies bei einer Heirat zwischen zwei, verschiedenen Kasten angehörenden Personen der Fall ist. Vielmehr sehen wir, daß gerade in solchen Verjüngungen die Ursprachen, anstatt zu sterben, fortleben. Sanskrit, die uralte Sprache der arischen Hindus, ist nun schon längst eine Sprache, welche vom Volk nicht mehr geredet wird. Sie wird aber immerhin noch gelehrt und erlernt, weil die heiligen Schriften der Hindus in dieser Sprache abgefaßt sind, und weil sie zu den gottesdienstlichen Handlungen der Brahminen in etwa demselben Verhältnis steht, wie die lateinische Sprache zum römisch-katholischen Gottesdienst. Dabei ist heute noch eine Grammatik des Sanskrit im Gebrauch, welche 350 Jahre vor Christo verfaßt worden ist. Die arabische und die persische Sprache, welche vor langer Zeit durch persische und mohammedanische Eroberer nach Indien gelangten, haben, mit dem Sanskrit sich vermählend, neuere Sprachen hervorgebracht. Hindi, welches dem Sanskrit sehr nahe steht (in Bezug auf Aussprache und Wortschatz), ist in Indien die verbreitetste Sprache geworden und wird von etwa 80 bis 100 Millionen Menschen gesprochen. In Bezug auf die Anzahl der Redenden nimmt das Hindi unter den Sprachen der Welt den zweiten Rang ein: 1) Chinesisch; 2) Hindi; 3) Englisch. An sich ist die Hindisprache arm, aber sie besitzt an ihrer Mutter, dem Sanskrit, einen unerschöpflichen Schatz, aus welchem sie Benennungen und Formen schöpfen kann. Das Urdu, welches mehr arabischen und persischen Ursprungs ist, ist fast ebenso verbreitet wie das Hindi. Es hat diese Sprache mit dem Hindi die Grammatik gemein, zieht aber neue Benennungen und Formen aus dem Arabischen und Persischen. Außer diesen durch ganz Indien gesprochenen Sprachen finden wir in Bengalen das Bengali, im Punjab das Jatak, im Nordwesten das Sindhi und Gujerati. Im Westen Mittelindiens wird Marhasthi gesprochen. Teluga, Kanaresisch, Maalayalim, Tamil, Singalesisch herrschen im Süden Indiens und auf Ceylon, während im Osten Mittelindiens in den Zentral-Provinzen neben Hindi, Urdu und Marhasthi die Uriyasprache gesprochen wird.

In diesem Völker=, Kasten= und Sprachengemisch geht nun alles, das einzelne Individuum wie die einzelne Kaste, den eigenen Weg. Während in den Vereinigten Staaten von Nord-Amerika die vielen verschiedenen Nationalitäten von der jungen, lebensfähigen amerikanischen Nation aufgesogen werden, wie das Meer die vielen Flüsse und Ströme und Bäche aufnimmt und durchsalzt, gehen in Indien die verschiedenen Nationalitäten, Rassen und Kasten aneinander vorüber, ohne sich zu berühren, ohne sich zu vermischen. Die Hindus verschiedener Kasten stehen einander so fremd gegenüber, als ob sie total verschiedenen Rassen angehörten. Und doch sind die Hindus nur ein Volk, eine Nation. Alle die verschiedenen Kasten mit ihrer im großen und ganzen uniformen Lebensweise in Bezug auf Essen und Trinken, auf Kleidung und Wohnung, mit ihren allen gemeinsamen Tugenden und Untugenden bedürfen nur eines gemeinsamen Erziehers und einer für alle passenden und alle versöhnenden Religion, um sich selbst zu finden und als Nation ihren Platz in der großen Völkerfamilie der Erde auszufüllen. Zum Erzieher hat der Herr England bestimmt, und eine die alten Fesseln sprengende Religion bringt ihnen die christliche Mission. Es mag nun für manchen interessant sein zu erfahren:

Wie England Indien regiert.

Indien, als Kaiserreich, steht zu England in demselben Verhältnisse, wie die sogenannten unabhängigen Königreiche in Indien zur indischen Regierung stehen, d. h. die innern Angelegenheiten des Kaiserreiches werden von der indischen Regierung, die ihren Sitz in Calcutta hat, selbständig geleitet, freilich unter scharfer

Kontrolle und unter mächtigem politischen Drucke von seiten des
englischen Parlaments, resp. des in London residierenden Staats=
sekretärs für Indien und seines Rates. Diese oberste Behörde
für Indien in England ernennt die leitenden Beamten für die
verschiedenen Departements der indischen Zivil= und Militär=
Administration, stellt die Saläre und. Pensionen fest, überwacht
den Eisenbahnbau, den Ankauf und die Lieferung von Material
für die gesamte indische Verwaltung in allen ihren Zweigen und
ist zugleich die letzte und höchste Instanz in Appellationssachen.

In Indien selbst regiert im Namen der Kaiserin Victoria
der Vizekönig, dem auch ein Rat zur Seite steht. Unter ihm
stehen die zwölf britischen Provinzen Indiens (nebst Burmah):
Madras, Bombay, Bengalen, Punjab, Ajmere, die Nordwest=
Provinzen, Oudh, die Zentral=Provinzen, Assam, Berar und
Coorg. Diese Provinzen, von welchen die vier ersteren nebst den
Nordwest=Provinzen in Bezug auf die Zivil=Administration fast
ganz unabhängig sind, sind wieder in einzelne Distrikte geteilt.
An der Spitze eines Distrikts steht der deputy commissioner
oder deputy collector, welcher der gesamten Administration des
Distrikts vorsteht. Jeder Distrikt enthält wieder eine Anzahl
Kreise, Tasil genannt, denen Nativebeamte unter dem Namen
Tasildar oder Mamlukdar vorstehen. Zwei oder mehrere Distrikte
bilden eine Division unter einem commissioner oder collector.
Das Verwaltungssystem des indischen Staatshaushaltes ist ein
eigentümliches, mit englischer Pedanterie in allen seinen Teilen
geordnetes Ganze. Zwei große Zweige, der sogenannte covenanted und der uncovenanted civil service, teilen sich in die
Arbeitslast. Zum ersteren gehören diejenigen Beamten, welche,
von England kommend, dort ein Examen für den indischen
Staatsdienst bestanden haben, und denen darum besondere Pri-
vilegien und Rechte, höhere Besoldung und Pension verwilligt
werden. Früher rekrutierten sich die Beamten des uncovenanted
service fast ausschließlich aus Eingebornen und Abkömmlingen
europäischer Beamten, den sogenannten half-castes. Sie waren
zum größten Teil Schreiber in den Sekretariaten der verschiedenen Administrationsstellen. Jetzt findet man aber im Erziehungs=

departement, im Post=, Telegraphen=, Forst= und Eisenbahnwesen meistens nur Angestellte des uncovenanted Zivildienstes. Für die gleiche Arbeitslast und Verantwortlichkeit erhalten sie jedoch nur einen Teil des Gehaltes und der Pension, welche vom an= dern Teile als verbrieftes Recht bezogen werden. Für die höheren Beamten gilt die Regel, daß sie mit den untergeordneten keine intimen Beziehungen pflegen sollen. Dies gilt auch für alle Beamten dem Volke gegenüber. Die öffentlichen Geschäfte wer= den mit peinlicher Genauigkeit und Umsicht gehandhabt, freilich auch in endlos schleppender und zeitraubender Weise. Zwei Bei= spiele mögen dies illustrieren. Das indische council in London, die höchste Verwaltungsstelle, ist in verschiedene Komiteen abge= teilt, welche den einzelnen Verwaltungszweigen in Indien ent= sprechen. Wenn nun ein Bericht von Indien anlangt, so geht derselbe, entsprechend seinem Inhalt, an das bestimmte Komitee. Der Vorsitzer desselben verfaßt die Depesche, welche als Antwort nach Indien gesandt werden soll, und unterbreitet dieselbe durch den Unterstaatssekretär dem Staatssekretär für Indien. Ist dieser mit dem Inhalt und mit der Form der Depesche einverstanden, so wird sie dem Komitee vorgelegt. Dieses bespricht die Sache, verändert den Wortlaut und amendiert nach Gutdünken und sen= det durch den gleichen Weg das Schriftstück an den Staatssekretär zurück. Stimmt dieser mit der Ansicht des Komitees nicht über= ein, so wird die Depesche zur Wiedererwägung zurückgegeben, nimmt er sie aber in ihrer Fassung an, so kommt sie nun vor die Gesamtbehörde, wird dort beraten und entweder an das Ko= mitee zur nochmaligen Besprechung der Sache zurückgesandt, oder dem Staatssekretär zur Genehmigung übergeben, von wo dann endlich die Antwort auf eine oft geringfügige Anfrage nach In= dien abgeht. Man ist in englischen Kreisen der Ansicht, daß eine oftmalige und vielseitige Erwägung einer Sache von seiten recht vieler Personen das bestmögliche Ergebnis zur Folge haben müsse. Nicht minder schleppend ist der Geschäftsgang in Indien. Unsere Mission wollte in Raipur ein etwa einen Acker umfassen= des Stück Land, das an den Missions=Komplex grenzt und der Regierung gehörte, kaufen. Die Sache wurde vor den deputy

commissioner in Raipur gebracht, welcher nach Einholung ver=
schiedener Gutachten den Verkauf des Landes beim chief commissioner der Zentral=Provinzen empfahl. Dieser entschied nun,
daß der Käufer eine Petition einzureichen und dieselbe mit 15 Rs.
zu begleiten habe, damit die Kosten für die Veröffentlichung die=
ser Angelegenheit durch die Regierungszeitung bestritten würden.
Die Petition samt den 15 Rs. wurden eingesandt, aber erst vier
Monate nach deren Einreichung wurde dem Missionar durch die
Hand der Behörden in Raipur bedeutet, daß er nun 9 Rs. 14 Anas
zu bezahlen habe, damit ein Tag für die ö f f e n t l i c h e V e r s t e i =
g e r u n g des betreffenden Landes bestimmt werden könne. Auch
dieses Geld wurde eingezahlt, aber erst nach geraumer Zeit wurde
dem Missionar eine Zeitung zugesandt, in welcher die Bekannt=
machung stand, daß das in Frage kommende Stück Land am
15. Dezember 1887 in der Office des deputy commissioner in
Raipur an den Meistbietenden zur Versteigerung kommen werde.
Am genannten Tage aber war der deputy commissioner unwohl
geworden und hatte nun entschieden, daß der Verkauf erst am
10. Januar 1888 stattfinden könne, und daß für eine nochmalige
Veröffentlichung der Petent wieder 5 Rs. als Inseratsgebühr zu
zahlen habe. Endlich kam der 10. Januar heran, aber der Mis=
sionar erfuhr auf der Office, daß der deputy commissioner auf
Reisen sei. Ein junger, eben erst von England gekommener
Herr vertrat seine Stelle, wußte jedoch nichts von dem ganzen
Handel. Der Hauptclerk des Gerichtes konnte glücklicherweise
Aufschluß erteilen und dem assistant deputy commissioner die
bezüglichen Schriftstücke vorlegen. Da die anberaumte Zeit für
die Versteigerung mittlerweile wieder verflossen war, aber kein
Käufer sich gemeldet hatte, so schritt der Beamte pro forma nach=
träglich zur Versteigerung. Er setzte den Preis des Landes auf
10 Rs. fest, um welche Summe der Missionar schließlich das Land
erstand. Es hatte aber diese ganze Geschäftstransaktion beinahe
ein Jahr Zeit genommen. Wenigstens 15 Beamte hatten sich da=
mit beschäftigt und zwei Zeitungen hatten darüber geschrieben,
bis endlich mit einem Kostenaufwand von 30 Rs. (Papier und
Porto nicht eingerechnet) ein Stück Land im Werte von 10 Rs.
an den Mann gebracht worden war.

Dem "covenanted" Staatsdienst ist das Zoll= und das Gerichtswesen zugewiesen. Das erstere begreift die Erhebung der Steuern und Zölle, die Kontrolle über Bewässerung, Kanäle, öffentliche Bauten, Straßen, Brücken u. dgl. in sich. Das Haupt dieses Departements, der collector oder commissioner einer Di= vision, repräsentiert die Regierung in allen Fällen. Oft ist ihm, wie in den Zentral=Provinzen, auch das Gerichtswesen unter= stellt, und er entscheidet in Kriminalfällen über Leben und Tod. In den Hauptstädten der Präsidentschaften, Calcutta, Madras, Bombay, sowie in Lahore und Allahabad sind high courts *) etabliert, welche Appellationsgerichte für die untergeordneten Di= striktsgerichte sind. Sie beeinflussen die Handhabung des Rechts über ganz Indien und besitzen allein die Befugnis, englisch=euro= päische Unterthanen in Kriminalfällen zu richten. Da die Hand= habung des Rechtes die Auslagen dieses Departements decken soll, sind leider die Gerichtskosten so hoch, daß mancher, der eine gerichtliche Entscheidung in einer Sache wünscht, in Ansehung der Kosten davon Abstand nehmen muß. In Kriminalfällen hat das Selbstbekenntnis des Angeklagten keinen Wert. So habe ich eine Frau freisprechen sehen, welche sich ohne alle Aufregung schuldig bekannte, eine ganze Tischgesellschaft vergiftet zu haben. Drei Personen waren gestorben. Obschon sie bis ins einzelnste hin= ein genau erzählte, warum und wie sie das Verbrechen begangen hatte, wurde sie doch in Freiheit gesetzt, weil die Beweise dafür nicht aufzubringen waren, daß sie und nicht eine andere Person das Gift ins Essen gethan hatte.

Die sogenannten Nativestaaten werden von ihren eigenen Fürsten unter Aufsicht eines englischen Residenten regiert. Die= sen Staaten ist aber nicht erlaubt, sich gegenseitig zu befehden, und die indische Regierung hat sich das Recht vorbehalten, die Armeen der indischen Fürsten mit Offizieren zu versehen, im Falle einer Mißregierung den betreffenden Fürsten abzusetzen und das Land bis zur Wiederbesetzung des Thrones zu verwal= ten. Der letztere Fall tritt auch dann ein, wenn der Thronerbe minderjährig ist. Die indische Regierung verpflichtet sich, für

---

*) Obergerichte.

eine gute Verwaltung seines Erbes zu sorgen. Es kann also
nicht mehr vorkommen, daß ein indischer Fürst seine Unterthanen
in größerem Maßstabe bedrückt, den Schatz vergeudet und sein
Volk aussaugt. Auch dem ist vorgebeugt, daß ein minderjähriger
Fürst von einer Partei oder von einem Kronliebhaber auf die
Seite geschoben und um sein Erbe gebracht wird, es sei denn
England selbst der Kronliebhaber. Da gilt denn freilich das
Recht des Stärkeren, wie in dem Falle des Dhulip Sing, eines
minderjährigen Fürsten des Punjab. Hier hilft dann auch kein
Protestieren.

Indien kann im ganzen mit Englands Regierung mehr als
zufrieden sein. Es ist eine große Frage, ob irgend eine Macht
an Englands Stelle so viel für Indien gethan haben würde.
Die Durchführung mancher heilsamen Gesetze bezüglich Menschen=
opfer, Kindesmord, Witwenverbrennung, wie auch die Regulie=
rung des Landbesitzes und des Erbschaftswesens gereichen der
englischen Regierung zur Ehre. Durch Festsetzung einer Maximal=
höhe des Pachtzinses hat sie Millionen von Bauern zu einem
wenn auch knappen, so doch menschenwürdigen Dasein verholfen.
Wenn in früheren Zeiten ein Bauer sich in einem Dorfe nieder=
ließ und ein Jahr lang Land vom Dorfbesitzer pachtete, so durfte
er das Land nicht mehr verlassen; er war an die Scholle gebun=
den und ein Leibeigener des Malguzars, d. h. Dorfbesitzers,
geworden. Desgleichen in den Nativestaaten, wo der Landesherr
an Stelle einer Grundsteuer eine Kopfsteuer erhob, war den Be=
wohnern das Verlassen des Staates untersagt. Diese Gesetze
sind abgeschafft, Freizügigkeit ist hergestellt und alle Leibeigen=
schaft aufgehoben. Dagegen hat die indische Regierung die ent=
würdigende Sitte der Hindus, die „Kinderheirat," noch nicht
aufzuheben versucht, vielmehr hat das englische Gericht sich in
letzter Zeit geradezu zum Anwalt dieses Greuels aufgestellt und,
wie im Fall Rukmabai in Bombay, die Ausführung und Durch=
führung der Kastengesetze in Bezug auf Kinderheirat in die Hand
genommen. In diesem angeführten Falle hat das englische Ge=
richt sogar mit Gewalt das erzwungen, was die Kastengesetze
nicht einmal erzwingen wollen. Rukmabai wurde als Kind mit

einem Knaben verheiratet. Aus dem Mädchen wurde im Laufe
der Zeit eine gebildete und bekannte Schriftstellerin, aus dem
Knaben ein Taglöhner. Nun wollte die hochgebildete Dame,
welche auch Erbin eines beträchtlichen Vermögens geworden war,
den allerdings geistig und körperlich schäbigen Kuli nicht zum
Mann haben, und als die Zeit herbeikam, in der er seine ihm
als Kind angetraute Frau zu sich nehmen wollte, weigerte sie
sich, ihm zu folgen. Das Gericht aber entschied gegen sie und
verhängte im Weigerungsfalle Gefängnisstrafe gegen Rukmabai.
Das ist nun aber mehr, als die Kastengesetze verordnen. Wenn
eine als Kind angetraute Frau vor Vollzug der Ehe nicht zu
ihrem Manne gehen will, so kann niemand sie dazu rechtlich
zwingen. Nun aber hat England seine Hilfe angeboten und seine
Gefängnisse für arme, verratene und verkaufte Mädchen geöffnet!
Glücklicherweise hat Rukmabai sich loskaufen können. Ihr Mann
hat versprochen, für eine gewisse Summe Geldes seine Ansprüche
auf sie nicht geltend machen zu wollen. Er kann ja andere Wei=
ber nehmen, Rukmabai aber darf sich nicht wieder verheiraten.
Es ist sonderbar, daß man hier Kinder von fünf Jahren und
darunter verheiraten und lebenslänglich gesetzlich binden kann,
während es bei hoher Strafe verboten ist, junge Leute unter
18 Jahren zu taufen. —

Die Dienste, welche England Indien damit leistet, daß es
dasselbe verwaltet und bevormundet, sind nun freilich keine Sa=
mariterdienste. Wo England säet, da will es auch ernten. Indien
zahlt freilich keinen Tribut an England, alle Einkünfte des Staa=
tes werden ohne Abzug, voll und ganz zum Besten Indiens
verwendet. Der praktische Vorteil, welchen England von Indien
zieht, liegt erstens im Handel. Unter englischer Verwaltung ist
und bleibt Indien ein unbestrittenes Absatzgebiet für Englands
Manufakturwaren. Ja, nicht einmal Indiens Industrie soll in
Indien mit England in Konkurrenz treten. Darum erschwert
England nach Kräften das Emporkommen der Baumwollwaren=
fabrikation in Indien, und die Eisenindustrie ist durch englischen
Einfluß ganz lahmgelegt. Indien, obschon sehr reich an Eisen,
ist doch in Bezug auf Eisenwaren ganz abhängig von England.

Auf indischem Eisenerz liegen die englischen Eisenbahnschienen
und Stahlschwellen, und auf diesen rollen die englischen Eisenbahn=
wagen und Maschinen. In dieser Hinsicht kann in Indien selbst
dem englischen Handel keine Konkurrenz entstehen, denn wie in
den mohammedanischen Ländern, gilt auch in Indien der Grund=
satz, daß alles, was in der Erde verborgen liegt, Eigentum der
Regierung ist. Es hat demnach niemand das Recht, auf dem
eigenen Grund und Boden nach Metallen oder kostbaren Steinen
zu graben; ja, es ist sogar gefährlich, auch nur einen gewöhn=
lichen Steinbruch auf dem eigenen Lande zu eröffnen, weil die
Regierung zu ihren Bauten die Steine nimmt, wo sie dieselben
findet, samt dem Lande, auf dem sie liegen, ohne irgendwelche
Entschädigung an den Besitzer. Es ist darum der Regierung ein
Leichtes, den Bergbau und jede Industrie, welche damit zusam=
menhängt, nach ihrem Sinne zu leiten. So weit es in ihrem
Interesse liegt, treibt die Regierung selbst Bergbau und gibt
Konzession an private Gesellschaften. Sobald aber ein Privat=
unternehmen die Interessen Englands schädigen könnte, wird die
Konzession nicht erteilt oder sie wird zurückgezogen.

Der Handel ist es aber nicht allein, der Indien für England
wertvoll macht. Ist Indien auch kein Kanal, in welchen ein
Überschuß der englischen Bevölkerung hineingeleitet werden könnte,
denn das Klima ist todbringend für europäische Handwerker und
Bauern, so ist Indien doch eine bequeme Versorgungsanstalt für
viele englische Beamten und eine Garnison für eine große eng=
lische Armee, welche England selbst nicht braucht, die aber von
Indien erhalten wird und gegebenen Falls kampfbereit für Eng=
lands Interessen eintritt. Thatsächlich unterhält Indien eine
englische Armee von 60,000 Mann mit 4,400 Offizieren und
zahlt für jeden Mann nicht nur die Transportkosten, sondern
auch für jeden Posten in Bezug auf Rekrutierung, Montierung,
Bewaffnung, Löhnung und Pension. Dabei hat Indien 122,000
Mann eigene Truppen mit 4,200 Offizieren, von welch letzteren
wieder 1,500 Engländer sind. Die Unterhaltung dieser gesamten
Heeresmacht kostet also England nichts. Natürlich ist England,
wenn es sich Indien erhalten will, gezwungen, Militär hinzu=

senden, aber Indien bezahlt dafür die Kosten, und wenn, wie im letzten birmesischen Kriege, indische Truppen für England ein neues Königreich erobern, so zahlt auch da wieder die Kriegs=kosten—Indien. Die gesamte Zivil= und Militäradministration Indiens kostet England keinen Schilling, und der Profit im Handel ist daher ein Nettoprofit.

Da ferner die Staatskirche Englands mit dem Staate innig verwachsen ist, so ist es nicht zu verwundern, daß auch in kirch=licher Hinsicht Indien der englischen Staatskirche tributpflichtig gemacht worden ist. Die englische Staatskirche in Indien bezieht ihre Einkünfte aus dem indischen Staatsschatz. Auf Kosten Indiens unterhält England in Indien vier Bischöfe, drei Archi=diakonen, 180 Kapläne und eine Menge im geistlichen Departe=ment angestellte Beamten. Da nun die Besoldung eines Bischofs £5000, also $25,000 per Jahr beträgt und das Salär eines Kaplans 500 Rs. monatlich, wozu dann nach einer Reihe von Dienstjahren eine lebenslängliche Pension von der Hälfte oder zwei Dritteln des vollen Gehaltes kommt, so ist es begreiflich, daß in Bezug auf diese Anordnung viel Unzufriedenheit unter den Eingeborenen sich bemerkbar macht. Die Regierung macht zwar den Grundsatz geltend, daß Indien für die religiösen Be=dürfnisse der englischen Beamten, welche ihre Kraft und Zeit den Geschäften des Landes widmen, aufkommen müsse. Das Volk aber ist der Ansicht, daß Beamte, denen Indien so hohe Saläre zahle (zehn Prozent der Beamten ziehen jährlich $15,000), keine besondere Hilfe für ihre religiösen Bedürfnisse von Heiden und Mohammedanern fordern sollten.

Doch der Preis, den Indien für die englische Administration zahlt, ist nicht zu hoch für das, was es von England empfängt. Jahrtausende lang ist Indien von fremden Eroberern und ein=heimischen Tyrannen beherrscht und ausgesogen worden, ohne daß das Volk etwas Preiswürdiges von ihnen erhalten hätte. Mit Englands Herrschaft ist über Indien eine neue und bessere Zeit angebrochen, und der Tribut, welchen es zahlen muß, ist, gegenüber den mannigfaltigen Gütern, welche England nach Indien bringt, kaum erwähnenswert.

Man darf sagen: Indien besitzt heute eine gute Administra=
tion, und ganz Indien ist durch sie ein in allen Teilen geordnetes
Ganze geworden.   Das Erziehungswesen floriert, Recht und
Gerechtigkeit wird gehandhabt, eine tüchtige Polizei sorgt für die
öffentliche Sicherheit, und unmoralische und unmenschliche Sitten
sind zum großen Teil abgeschafft.   Das Forstwesen befindet sich
in geordnetem Zustande und dem Ackerbau widmet die Regie=
rung eingehende Sorgfalt.   Hinsichtlich sanitärer Verbesserungen
kämpft die Regierung einen erfolgreichen Kampf gegen den land=
läufigen Schlendrian der Hindus.   So werden Brunnen gegraben
und die Stadtverwaltungen zur Reinhaltung der Städte gezwun=
gen.   Hospitäler und Apotheken sind vorhanden und der Impf=
zwang ist eingeführt, wenn auch in diesem Stück eine Durch=
führung der Verordnungen nur beim Militär möglich ist, da
die Landleute bei Ankunft des Arztes nur zu oft die Flucht
ergreifen.   Hier sei auch erwähnt, daß sich die Verkehrswege in
vorzüglichem Zustande befinden, und daß zur Hebung der Gewerbe
durch Gewerbeschulen viel getan wird.   Was aber mehr als dies
alles ins Gewicht fällt, ist, daß mit westlicher Zivilisation auch
das Evangelium seinen Einzug in Indien hält und seine völker=
erlösende Kraft und beglückende Macht auch dort offenbart.
Freilich ist die Mission als solche kein Lieblingskind der indischen
Regierung.   Ist doch das Evangelium die Macht, welche Völker
vereint und befreit.   Es liegt aber nicht in Englands politischen
Plänen, sein Mündel Indien so schnell als möglich selbständig
werden zu lassen, oder gar die immer zielbewußter sich vordrän=
gende nationale Bewegung der Hindus zu kräftigen.

Jahrhunderte hindurch hat die Idee einer nationalen Zusam=
mengehörigkeit in den Hindus geschlafen.   Vorhanden war sie
freilich schon im frühesten Altertum; davon zeugt die religiöse
Sage, daß die Brahminen aus dem Haupte des Weltschöpfers,
die Gsharryas aus seiner Brust und seinen Armen, die Vaishyas
aus den Lenden und die Shudras aus seinen Füßen hervorge=
gangen seien.   Damit wird eben nicht nur der Ursprung sämtlicher
Kasten aus ein und derselben Quelle gelehrt, sondern auch das,
daß sie zusammengehören wie Kopf und Brust, Arme, Lenden

und Füße, kurz, daß sie einen Organismus darstellen, in welchem die Brahminen für alle denken, die Gshatryas für alle kämpfen, die Vaishyas für alle Geschäfte treiben und die Shudras für alle dienen sollen. Daß Völker lange schlafen können, davon zeugt die deutsche und die italienische Geschichte. Wenn aber einmal alle Bedingungen zum Selbständigwerden einer Nation vorhanden sind, so kommt das Erwachen oft sehr schnell. Wohl weiß England, daß das Christentum die Grundlage ist, auf welcher Indiens Völker—so lange unter sich uneins und getrennt—sich wiederfinden, und darum gebührt ihm Dank, daß es nicht in die Fußstapfen der Ostindischen Compagnie getreten ist, welche den Aufenthalt der Missionare nicht gerne sah und ihn oft verbot.

Leider erschwert der Mangel an jeglicher Bildung beim Volke das Werk der Verkündigung des Evangeliums in fühlbarer Weise. So viel auch die Regierung für Universitäten, deren es vier in Indien gibt, für Hochschulen, Gymnasien und Colleges thut,— eine allgemeine Volksbildung befürwortet sie doch nur sehr lau. Nur in den größeren Dörfern finden sich Schulen, doch diese werden wenig benutzt. Für Missionsschulen bietet darum Indien ein ausgedehntes und auch dankbares Arbeitsfeld.

Da der Hindu in seinem Charakter eitel, ehr- und titelsüchtig ist und Schmeicheleien gern hört, so benutzt die Regierung diese Schwächen zur Befestigung ihrer Herrschaft in ausgedehnter Weise und macht sich unter den einflußreichen Hindus dadurch viele Freunde, daß sie in öffentlichen Durbars (Empfängen), welche die alle Jahre ihre Provinzen bereisenden Beamten abhalten, Titel und Ehrenkleider austeilen oder auch nur den Namen dieses oder jenes hervorragenden Mannes öffentlich nennen und sein Verhalten rühmen läßt. Wenn in der kühlen Zeit (von Dezember bis Februar) der Vizekönig von Indien, die Gouverneure der Präsidentschaften, die chief commissioners der Provinzen, die collectors der Divisionen, kurz alle Beamten, ihre resp. Länder bereisen, so werden in den größeren Städten Durbars abgehalten. Da strömen die verschiedenen Rajas und Semindare (Fürsten) sowie die ganze offizielle Welt zusammen, um vom Oberhaupt in öffentlichem Empfange begrüßt zu werden und in seiner Per-

son der Maharani Victoria (Großkönigin Victoria) ihre Huldi=
gungen darzubringen. In prächtige, gold= und silbergewirkte
und mit Edelsteinen geschmückte Gewänder gekleidet und Kronen
auf den Häuptern tragend, erscheinen lange vor der anberaumten
Zeit die Rajas. Mit größtmöglichem Pompe umgeben, auf
Elefanten reitend und gefolgt von Trommlern, Pfeifern, Trom=
petern und einer Schar regellos durcheinander laufender
Unterthanen, halten sie ihren Aufzug vor dem zum Durbar her=
gerichteten Gebäude, wo sie dann ihrem Range entsprechend ihre
Plätze angewiesen erhalten. Weil der die Königin repräsentie=
rende Beamte sowie alle Europäer unbedeckten Hauptes erschei=
nen, während die Hindus ihre Turbane und die Rajas ihre
Kronen auf dem Kopfe behalten, so haben diese dafür die Schuhe
auszuziehen und in bloßen Füßen oder in Socken die Zeremonie
durchzumachen. Unter den Klängen des "God save the queen"
hält der Beamte seinen Einzug in den Saal, um auf einem
thronartigen Sessel, umgeben von Zivil= und Militärbeamten,
Platz zu nehmen. Nach einer Rede an die Versammlung werden
ihm dann die einzelnen Würdenträger vorgestellt und zwar der
Rangordnung nach. Dem einen geht er bis an das Ende des
Teppichs entgegen, den zweiten empfängt er in der Mitte des=
selben, den dritten sitzend, je nach der Würde des Betreffenden,
und redet mit ihnen einige Worte. Die Menge aber der sich
Vorstellenden zieht, während der Zeremonienmeister die Namen
nennt, lautlos mit einer Verbeugung an dem Beamten vorüber.
Nachdem pan supari (in eßbare Blätter eingewickelte Frucht, mit
etwas Harz und Kalk vermischt) ausgeteilt und die Versammel=
ten mit wohlriechendem Wasser besprengt worden sind, kommt
der große Augenblick, wo diejenigen, welche mit Titeln, Orden
oder Ehrenkleidern bedacht werden sollen, hervortreten. Alsdann
werden ihre wirklichen oder vermeintlichen Dienste, welche sie
dem Lande geleistet, ihre Ehrenwürdigkeit, ihr gutes Betragen
und was sonst etwa lobenswert ist, der Versammlung in gehöri=
ger Weise bekannt gemacht. Bald ist aber auch diese Sache vor=
über. Unter den Klängen der Musik zieht der präsidierende
Beamte ab, ihm nach die Fürsten und Großen und alles Volk,

die meisten mit großen Blumenkränzen um den Hals. Das Volk hat ein Schauspiel gesehen, die Machtentfaltung der fernen Maharani Victoria. Die Vorgestellten sind zufrieden, weil sie dem Vertreter der Kaiserin• haben die Hand geben dürfen und von ihm eines huldvollen Blickes gewürdigt worden sind. Diejenigen aber, die öffentlich belobt oder gar ausgezeichnet worden sind, wissen vor Glück sich kaum zu fassen und sind hinfort die treusten Freunde Englands. Die Rajas mit ihren Kronen auf den Köpfen stolzieren noch lange, von ihren Bewunderern begleitet, auf den Gassen umher; die Regierung hat erreicht, was sie erreichen wollte: sie hat ihre Macht und Güte gezeigt und einen erhöhten moralischen Einfluß aufs Volk gewonnen. Aber auch die Europäer, welche das Glück hatten, einem solchen Durbar beizuwohnen, sind befriedigt. Es ist ein glänzendes, farbenprächtiges Bild, das sie geschaut, und das sie zeitlebens nicht mehr vergessen werden.

Das Christentum als missionierende Macht in Indien.

Als noch die Ostindische Compagnie in Indien regierte, galt der Grundsatz, daß jeder Engländer, der als Beamter oder Soldat nach Indien versetzt ward, am Kap der guten Hoffnung seine Religion zurückzulassen habe. Privatpersonen aber wurde die Niederlassung in Indien aus Furcht vor Konkurrenz förmlich untersagt, und selbst Missionare wurden nicht geduldet, weshalb Missionar Cary zu Anfang dieses Jahrhunderts den Befehl bekam, sein Predigen einzustellen, was zur Folge hatte, daß er sich auf die dänische Besitzung Serampur bei Calcutta zurückzuziehen genötigt sah. — Daß die englischen Staatsmänner nach Übernahme der Regierung von seiten der Ostindischen Compagnie ein solches Verbot, angesichts der zahlreichen Christen und Missionsfreunde in England, nicht aufrecht erhalten konnten, versteht sich von selbst, und so wurde dasselbe in Indien zurückgezogen.

Auch die Missionare bekamen dadurch „freies Feld." Von diesem
Zeitpunkte an begann die Entfaltung einer geregelten Missions=
thätigkeit (an manchen Orten Indiens war die Mission vorher
schon geduldet), und englische, amerikanische, deutsche und schwe=
dische Missionsgesellschaften, römischen und evangelischen Bekennt=
nisses, arbeiten seitdem ungestört. Die Religionsgeschichte Indiens
gleicht der politischen insofern, als von altersher verschiedene
religiöse Strömungen von außen her in Indien um die Ober=
herrschaft kämpften; aber ungleich der politischen Geschichte weist
die religiöse keine ausländische Religion auf, welcher es gelungen
wäre, sich das Land zu erobern und den Brahmanismus zu
überwinden. Weder dem schon sehr früh eingedrungenen Par=
sismus, noch dem Hellenismus, noch der Religion Mohammeds
ist es gelungen, Bresche zu legen in die Hauptfestung des religiö=
sen Lebens Indiens: in das Kastenwesen. Zwar gab es eine
Zeit, in welcher der Buddhismus über den Brahmanismus
triumphierte und in Indien die verbreitetste Religion war, aber
eine vollständige Reaktion hat hernach den letzteren nur um so
fester gegründet, ja das Kastenwesen ist eigentlich erst seit jener
Zeit das geworden, was es heute ist. Gerade jener Kampf und
das zeitweise Unterliegen des Brahmanismus zeigt aber, daß
dieser nicht unüberwindlich ist. Und wenn auch später weder
Mekka noch Rom nennenswerte Erfolge über den Brahmanismus
errungen haben (ihre Erfolge liegen auf dem Gebiete der Abo=
riginer, der Urbevölkerung), so ist das noch kein Beweis, daß
auch das evangelische Christentum werde beschämt abziehen müssen.

Über die Missionsbestrebungen der evangelischen Gesellschaften
mögen wohl allein diejenigen in abschätzender Weise reden, welche
weder die Macht und Gewalt der Wahrheit des Evangeliums an
sich selbst erfahren haben, noch Thatsachen sehen können wie sie
sind. Alle Anzeichen lassen darauf schließen, daß die evangelische
Missionsgeschichte der Geschichte der Ostindischen Compagnie ähn=
lich sein wird, d. h. aus geringen Anfängen wird Großes erreicht
werden. Als unter Elisabeth die erste Expedition nach Indien
segelte, wurde dieselbe durch Stürme verschlagen; einzelne Schiffs=
besatzungen desertierten mit den Schiffen, trieben Seeräuberei

und kamen ſchließlich elendiglich um. Eine zweite Expedition war
glücklicher, ſie gründete einzelne Faktoreien und fing an Handel
zu treiben. Lange Jahre hindurch hatten die Beamten der Com=
pagnie ſich in ärmlichen und bedrängten Verhältniſſen zu bewe=
gen, aber dennoch überſpannten ſie nach und nach Indien mit
einem Netze von Faktoreien und gewannen Macht und Anſehen;
ſie fingen an, Indien die Segnungen europäiſcher Ziviliſation zu
bringen und Länder und Völker zu regieren. Wer hätte ſolche
Erfolge vorausgeſehen? Welcher Engländer hätte je gedacht, daß
auf ſolchem Wege und mit ſo geringen Mitteln Englands Kö=
nigin ſich einſt Indiens Kaiſer=Krone aufs Haupt ſetzen würde?
Und doch iſt's geſchehen. Was dieſe Compagnie auf politiſchem
und merkantilem Gebiete war, das iſt die Miſſion auf religiöſem;
ſie wird das Mittel ſein, durch welches Jeſus Chriſtus als Regent
und Herr von Indiens Millionen anerkannt werden wird. Die
politiſche Macht Englands aber iſt die Magd der Miſſion in
Indien geworden. —

In dieſem Jahrhundert iſt eine ganze Reihe von Miſſions=
geſellſchaften in Indien in die Arbeit getreten. Ein Netz von
Miſſionsſtationen überſpannt bereits Indien von Cap Comorin
bis zum Himalaja, vom Indus bis zum Ganges=Delta. In den
Dörfern, auf den Bazars der Städte, in einſamen, abgelegenen
Waldrevieren und auf den von Menſchen wimmelnden Melas
großer Wallfahrtsorte, wie in den Wartejälen der Eiſenbahn=
ſtationen und in den militäriſchen camps *) der indiſchen Sepoys
wird, nicht nur von den Miſſionaren und ihren Gehilfen, ſon=
dern auch von Beamten der Adminiſtration, von Offizieren der
Armee und von Privatleuten das Evangelium verkündigt. Um
den Miſſionar herum ſitzen die ſtolzen Brahminen mit den ver=
achteten Shudras, und in ſeiner Schule leſen Parſis und Moham=
medaner die heil. Schrift. In der Einſamkeit ihrer Studierſtube
ſitzen die Arbeiter an der jungen, aber kräftig wachſenden chriſt=
lichen Litteratur, und ihre Erzeugniſſe werden in Millionen von
Traktaten und Schriften über das ganze Land hin verbreitet und
in Hütte und Palaſt geleſen. Von zahlreichen Kapellen und von

---

*) Feldlager.

3

den Gräbern heimgegangener Christen zeugt das Kreuz von Jesu,
als dem Fürsten der Lebendigen und der Toten. Und das alles
soll vergeblich sein? Vergeblich die Opfer europäischer und ameri=
kanischer Christen? Vergeblich das Arbeiten, Beten und Dulden
so vieler Männer und Frauen auf dem Missionsfelde? Das glau=
ben doch selbst diejenigen nicht, die solches behaupten. Wie
hellenische und römische Philosophie vor dem Christentume einst
die Waffen gestreckt haben, so wird auch der Brahmanismus und
das ganze Götzenwesen jenes herrlichen Landes vor dem Kreuze
weichen müssen. Langsam zwar, aber doch stetig, bricht das Licht
sich Bahn; die Finsternis weicht, und wenn einmal die evange=
lische Mission so lange in Indien gearbeitet haben wird, als die
Ostindische Compagnie gethan hat, so wird der Brahmanismus
und das Kastenwesen nur noch in Trümmern vorhanden sein.
Wir könnten hier ja wohl auch Zahlen anführen, aber die Er=
folge der Mission lassen sich in Zahlen gar nicht angeben, sinte=
mal die vorhandenen Native=Gemeinden ja nur ein Bruchteil
jener sind. Unter der Meeresoberfläche gibt es ja auch noch
Wasser und über den sichtbaren Sternen noch zahllose Welten.
Auf einen zur christlichen Kirche übergetretenen Hindu kommen
noch zehn andere, welche von der Wahrheit angefaßt sind, an
ihrer alten Religion zweifeln und nach Licht suchen.

Wie der Sturm an alten Häusern rüttelt und Regen und
Schnee alte Denkmäler zerbröckeln, so arbeitet Gottes Wort an
mehr als einem indischen Religionssystem, und wie der Sauer=
teig unsichtbar den Teig durchsäuert, so durchsäuert das Christen=
tum die Herzen der Menschen, lange bevor die Statistik sich mit
ihnen beschäftigen kann.

Auch darf nicht vergessen werden, daß es sich in der Mission
nicht um den Kampf eines Religionssystems mit einem andern
handelt, sondern um den Kampf des Lichtes mit der Finsternis,
um den Kampf der Wahrheit mit der Lüge. Deshalb irren sich
diejenigen von vornherein, welche den Islam als Konkurrenten
für die Gewinnung der Hindus neben das Christentum hinstellen.
Die Mohammedaner sind vielmehr, wie die Hindus, Objekt der
christlichen Missionsthätigkeit. Man hat viel darüber geschrieben

und wissentlich gelogen, daß der Islam eine ganz gewaltige
Missionsthätigkeit entfalte, wie in Afrika, so auch hier in Indien;
ja gerade in den jetzigen Zeiten wird der Islam als die hervor=
ragendste zivilisatorische Macht zu Ungunsten des Christentums
gepriesen.   Es ist nun Thatsache, daß da, wo der Mohammeda=
nismus mit barbarischen Völkern, wie die Neger in Afrika oder
die Ureingebornen Indiens es sind, in Berührung kommt, er den
niederen Fetisch= und Dämonendienst überwindet und die Völker
auf eine etwas höhere Stufe hebt. Auch ist das richtig, daß viele
Hindus (doch nur solche, welche die Kaste verloren haben oder
eine Heirat einzugehen wünschen, welche den Kastengesetzen zu=
wider ist, auch gefallene Frauenzimmer u. s. w.) dem Islam sich
in die Arme werfen; im großen und ganzen aber hat der Mo=
hammedanismus in keiner Weise bemerkenswerte Erfolge unter
den Hindus aufzuweisen.   Es würde wohl schwer halten, auch
nur ein Dutzend Hindus zu finden, welche aus Überzeugung
Mohammedaner geworden sind. Wozu auch? Es gibt ja Tausende
und aber Tausende Hindus, welche nur an einen Gott glauben
und diesen Glauben bekennen, ohne daß sie darum mit der Kaste
brechen müßten.   Der Islam bietet ihnen auch nicht mehr, als
sie schon haben; wozu daher alles, was ihnen lieb und teuer ist,
dahin geben? Es müßten denn materielle und soziale Gründe
vorwalten. Diejenigen aber, welche nicht aus Überzeugung Mo=
hammedaner werden, bringen ihr altes Heidentum mit sich und
schwächen nur die Gesamtgemeinde. Einst kam ein Mohamme=
daner zu mir und verlangte Blumen, um sie zu opfern! Auf
meine Vorstellung, daß Mohammedaner doch keinen Götzendienst
trieben, sagte er mir, er sei früher zu meinem Vorgänger gekom=
men, um Christ zu werden, weil er eine römisch=katholische Frau
habe heiraten wollen. Da er aber zurückgewiesen worden sei,
so hätten sie beide sich den Mohammedanern angeschlossen. Er
wisse aber kaum, was das sei, und so diene er auch noch seinen
alten Göttern, während seine Frau die Maria anrufe. Wahrlich
eine feine Konstellation: Ganesha, Mohammed und Maria in
einer Familie von zwei Personen! In früheren Jahren hat sich
der Islam freilich als eine missionierende Macht in Indien er=

wiesen, nicht aber dem festgeschlossenen Hinduismus gegenüber,
sondern unter den niedersten Kasten und den entlegenen Stäm=
men der Ureinwohner. Unter dem Schutze der damaligen moham=
medanischen Regierung gelang es den Missionaren des Islam,
teils durch ihre Lehre von einem Gott, teils durch Versprechun=
gen zeitlicher Vorteile, auch durch Anwendung von Gewalt, ganze
Scharen Aboriginer *) zu bekehren. Diese Leute brachten aber
ihren alten heidnischen Glauben, sonderlich den Dämonendienst,
mit sich, und nun finden sich unzählige Mohammedaner in Indien,
die weiter nichts als den Namen ihrer Religion besitzen. Obschon
numerisch stark geworden, ist der Mohammedanismus in sich
selbst geschwächt, und wenn nicht der ursprüngliche Teil dieser
großen Religionsgenossenschaft in den größeren Städten für seine
religiöse Existenz kämpfte und die muselmännische Orthodoxie
durch Schulen, Prediger, Vereinigungen u. s. w. aufrecht erhielte,
so würde sie an ihren früheren Erfolgen zu Grunde gehen. —
Jedenfalls zeigt sich der Mohammedanismus ganz unfähig, den
Brahmanismus zu überwinden und das Hinduvolk für sich zu
gewinnen; das bleibt dem Christentume, der christlichen Mission
vorbehalten. Folgende statistische Zahlen mögen das Wachstum
der Mohammedaner, Hindus und Christen veranschaulichen: Mo=
hammedaner 12 Prozent, Hindus 13 Prozent, Christen 52 Prozent.
Da gerade in den heutigen Tagen durch die englische Presse die
irrtümliche Ansicht verbreitet wird, als wäre der Islam die mis=
sionierende Macht par excellence in Indien, so muß diesem
offenbaren Irrtum entgegengetreten werden; und das um so
mehr, als gerade in diesen Tagen ein Ereignis von großer Trag=
weite sich zu vollziehen beginnt, durch welches die Mohammedaner
mehr als früher in Opposition zu den Hindus geraten, so daß
ein Übertritt zum Islam von seiten eines Hindus zum Verrat
am Hinduvolke wird. Wie schon bemerkt, beginnt das Volk der
Hindus aus seinem Schlafe zu erwachen und zu fühlen, daß es
doch eigentlich eine große, uralte Nation ist, die früher oder
später notwendigerweise in die Rechte einer Nation eintreten und
sich selbst regieren wird. So ist ein Nationalkongreß ins Leben

---

*) Ureinwohner.

getreten, welcher für die Hindus eine erweiterte Teilnahme an
der Regierung verlangt und wohl bald auch Anspruch auf voll=
ständige Selbstregierung erheben dürfte. Die Mohammedaner
aber machen den Grundsatz geltend: jeder hat das Recht, die
bestmögliche Regierung für sich zu verlangen, und da sie mit
vollem Recht behaupten, daß die Hindus noch unfähig sind,
weder sich noch andere zu regieren, so stehen sie auf seiten Eng=
lands, dem Nationalkongreß feindlich gegenüber, und die Span=
nung zwischen diesen zwei großen Religionsgenossenschaften muß
durch diese politischen Gründe nur verschärft werden.

Wie aber verhalten sich die Mohammedaner als Gegenstand
der evangelischen Mission dem Christentum gegenüber? Da
müssen wir freilich bekennen, daß die Mission unter ihnen noch
sehr geringe Erfolge aufzuweisen hat. Zwar scheint es, als ob
unter den Mohammedanern weit mehr ernstliches Suchen nach
Wahrheit vorhanden sei, als unter den Brahminen. Der denkende
Mohammedaner muß sich bei seinem Glauben an einen heiligen,
unnahbar=erhabenen Gott ja ungemütlicher fühlen als der Heide,
dessen Götter ihm auf den Leib geschnitten, d. h. ebenso unrein
sind wie er selber. Dabei ist der Nachfolger des Propheten, eben
durch Mohammeds Zeugnis von Jesu, daß er ein feindlicher
Prophet gewesen sei, auf das hingewiesen, was Jesus als
Prophet gesagt hat. —

Glaubt er nun aber an die Aussprüche Jesu, so kommt der
Mohammedaner in Konflikt mit seiner Religion und seinem
alleinseligmachenden Bekenntnis: „Gott ist Gott, und Mohammed
ist sein Prophet." Ferner kommt ihm der Gedanke, daß eine
vollkommene Offenbarung Gottes weder durch Propheten
noch durch Schrift, heiße dieselbe Koran oder Bibel, sondern nur
durch ein Selbsterscheinen Gottes möglich ist, und so wird er
wieder auf Jesum hingewiesen, von dem die Bibel behauptet,
er sei der Sohn Gottes. Mehr noch als dieses beunruhigt den
Mohammedaner die augenscheinliche Kluft zwischen göttlichem und
menschlichem Wesen, welche Kluft durch ein bloßes Rufen zu Gott
unmöglich ausgefüllt werden kann. So schwebt der Mohamme=
daner zwischen fester Verstandes=Überzeugung und peinigenden

Herzenszweifeln hin und her, und da die Menschen ihrer Natur
gemäß die Finsternis mehr lieben als das Licht, zieht der Mo=
hammedaner sich in seine Festung zurück, und diese ist das Be=
kenntnis. — Das öffentlich täglich fünfmal wiederholte Gebet der
Mohammedaner ist ja eigentlich mehr Bekenntnis als ein Gebet,
und dieses Bekenntnis ist eine Macht, welche nicht genügend
gewürdigt wird. Ihm gegenüber hilft alles Disputieren und
Philosophieren nichts; nur das ebenso oft wiederholte Bekenntnis:
„Wir haben geglaubt und erkannt, daß du bist Christus, der
Sohn des lebendigen Gottes," wird hier etwas ausrichten können.
Dem „Ich bekenne, darum glaube ich" der Mohammedaner steht
gegenüber unser „Ich glaube, darum rede ich."

Ist das Kastenwesen der Hindus, das von Liebe nichts weiß,
sondern nur von Haß und Selbstsucht, eine für die christliche
Verkündigung der Liebe nur schwer zu stürmende Festung, so ist
das täglich fünfmal wiederholte Bekenntnis der Mohammedaner
nicht minder ein Bollwerk gegen das Evangelium. Die Mission
hat wahrlich keine leichte Aufgabe, aber so gewiß das Licht die
Finsternis erleuchtet, Finsternis aber das Licht nicht auslöschen
kann, ebenso gewiß wird das Evangelium über den Mohamme=
danismus und über den Brahmanismus siegen. Daran ist für
den, der die Macht des Evangeliums kennt, kein Zweifel möglich.

Zweiter Teil. --- Chattisghar.

Land und Leute.

Ungefähr in der Mitte der großen vorderindischen Halbinsel, da, wo die Ausläufer des Vindyah=Gebirges mit den Ost=Ghats zusammenstoßen und eine ausgedehnte Hochebene hufeisenförmig umschließen, liegt Chattisghar (Land der 36 Burgen), das Arbeits= feld der Missionare der Deutschen Evang. Synode von Nord=Amerika. —Chattisghar, mit seinen drei Provinzen Raipur, Belaspur und Sambalpur, eine Division der Zentralprovinzen bildend, ist zum großen Teil ein äußerst fruchtbares Land, das aber von steppen= artigen Strichen durchzogen ist, die nicht bebaut werden können. Hier tritt, an Stelle der schwarzen Erde und des Lehmes, Morum, d. h. Eisenkies, zu Tage. Auch der gebirgige Teil, welcher fast durchweg mit dichtem Wald bestanden ist, ist nicht anbaufähig, da die Erhebungen keine sanft gerundeten Hügel= reihen bilden, sondern meistens aus lose aneinander hängenden, oft vereinzelt aus der Ebene emporstrebenden Felspartien beste= hen. Zwischen diesen Felsen, in den Thälern und Schluchten, wo Baumriesen mit Schlingpflanzen überwuchert oft undurch= dringliche Dschungeln bilden, die höher hinauf sich in niedrigem Gebüsch verlieren, ist die Heimat der Tiger und wilden Büffel, der Elefanten und Panther. Nur sehr selten trifft man hier ein Dörflein an, dessen elende, von Baumzweigen und Gras herge= stellte Hütten die Herbergen der armen und halbwilden Wald= bewohner bilden. In stetem Kampfe mit den wilden Tieren und in fortwährender Furcht vor ihnen, oft niedergestreckt von dem in den Waldgegenden herrschenden Dschungelfieber, ernähren sie

39

sich kümmerlich als Eisenarbeiter, Töpfer und Weber und sind gegen den Fremden, der ihre Dörfer besucht, ausnehmend scheu und mißtrauisch.

In der Ebene aber, wo der Mahanadi und Sionath mit ihren vielen Zuflüssen gut bebaute Gegenden durchströmen, sind die Verhältnisse andere. Gute Landstraßen, von englischen Ingenieuren erbaut und auf beiden Seiten mit Bäumen bepflanzt, durchschneiden das Land. Ackerbau, Viehzucht, Handel und Gewerbe blühen — Dorf reiht sich an Dorf; Weizen-, Reis-, Flachs- und Ölfelder wechseln mit einander ab; aus Bananen-, Mango- und Feigenpflanzungen, oft übersponnen mit rankenden Gewächsen, schauen die Häuser der Eingebornen heraus. Neuntausendachthundert Dörfer und Städte beherbergen die 4½ Millionen Einwohner Chattisghars.

Innerhalb der Wendekreise liegend, besitzt Chattisghar, wie überhaupt der größte Teil Indiens, tropisches Klima. Mitte Februar beginnt die sogenannte heiße Zeit. Schon im März bringt die Sonnenhitze durch die vierfachen Leinwandbächer der Zelte, welche in der kalten Zeit (von November bis Februar) von den Beamten und Missionaren auf ihren Reisen benutzt werden, hindurch, so daß dann die Missionare gezwungen sind, auf ihre Stationen zurückzukehren. Obschon um diese Zeit die meisten Bäume neue Blätter gewinnen und Blüten treiben, verliert doch das ganze Land nach und nach sein frisches Aussehen. Tiefer Staub bedeckt die Landstraßen und lagert sich auf alles Grün, dasselbe mit einem rötlich-grauen, schmutzigen Schleier überziehend. Die Felder haben ein ödes, kahles Aussehen gewonnen, denn der Weizen, die Hülsenfrüchte und der Reis sind eingeerntet. Die Hitze wird von Tag zu Tag fühlbarer, das Gras ist verdorrt. Die Teiche, welche die Dörfer mit Regenwasser versorgen, enthalten nur noch einen Rest grünen Schlammes, welcher dann noch zum Waschen, Baden und Trinken benutzt wird, wenn schon seine faulenden Dünste weit umher die Luft verpesten. Ein Bach nach dem andern wird trocken, alle Quellen versiegen, und selbst die größten Flüsse können überall durchwatet werden. Wassermangel herrscht allenthalben, denn die tiefen Brunnen, welche die Regierung graben ließ, werden als religiös unrein gemieden. Zuletzt vertrocknen auch sie. Auf den Landstraßen, in der kühlen Jahreszeit von zahllosen Pilgern und langen Güterkarawanen belebt, hört der Verkehr bei Tage auf, und nur noch nachts ertönen die Glöckchen an den Hälsen der Ochsen und Büffel, welche die Lastwagen ziehen. Müde und matt schleichen die Menschen bei 115 bis 120 Grad Hitze umher; und das Vieh, das schon längst kein Gras mehr findet, ist jämmerlich mager und verendet in großer Zahl, denn der Hindu sorgt zur Zeit des üppigen Graswuchses nicht für die magere Zeit, er sammelt kein Heu.

Ende Mai erscheinen die ersten Gewitterwolken. Wie ungeheure Berge, hoch in den blauen Äther sich übereinander auftürmend, erscheinen sie am Horizont. Die Luft wird schwül, das Atmen wird beengt. Plötzliche schwere Stürme, welche noch keinen Regen bringen, wohl aber das Land in eine finstere Staubwolke hüllen, brausen daher, Häuser abdeckend und Bäume entwurzelnd. Sehnsüchtig wartet Mensch und Tier auf den Regen. Endlich, in der Regel am 15. Juni, fangen in Chattisghar die Wolken an, den ersehnten Regen in schweren Wasserfluten über das durstige Land zu ergießen; die Blitze leuchten, der Donner rollt unaufhörlich, und bange verbirgt sich der Hindu im Innern seiner Wohnung. Jetzt gleicht das Land einem großen See, denn da es sehr eben ist, ist der Wasserabfluß ein langsamer. Alles ist überschwemmt, die Teiche sind gefüllt, die Bäche und Flüsse werden meilenbreit und der Verkehr ist überall gehemmt. Nach und nach gehen die schweren Gewitter in einen sanften Landregen über, welcher mit kürzeren und längeren Unterbrechungen bis September anhält. Der Reis wird nun in kleine, mit Erdwällen umgebene Felder gesäet und das ganze Land bekleidet sich überraschend schnell mit einem schönen Grasteppich. Trotzdem die Hitze durch den Regen nicht gemildert wird und die Feuchtigkeit alles durchdringt, durchnäßt und verschimmeln macht, so freut sich doch Mensch und Tier — der Wassermangel hat ein Ende und Hoffnung auf eine gute Ernte ist vorhanden. Leider dauert die Freude nicht lange. Aus der dampfenden Erde entwickeln

sich unter der großen anhaltenden Hitze Krankheit erzeugende
Miasmen. Der unheimliche Gast, die Cholera, fängt seinen
Rundgang an. Aus den infizierten Dörfern flieht alles, was
fliehen kann, in die Felder, wo die Leute in elenden kleinen
Zelten unter strömendem Regen kampieren und so erst recht eine
Beute der tückischen Seuche werden. Blattern und Dysenterie*)
gesellen sich wohl noch dazu, und an der Malaria **) liegt der
größte Teil der Bevölkerung danieder. Reges, gesundes und
munteres Leben herrscht nur in der Vogel= und Insektenwelt.
Ungezählte Züge von Enten, Gänsen und Reihern bevölkern die
zahllosen Teiche und Wassertümpel, während Moskitos von allen
Größen und Formen, fliegende Ameisen und Sandfliegen wahre
Orgien auf den Leibern der geplagten und Ruhe suchenden Men=
schen und Tiere feiern. Während oben in der Luft und in den
Kronen der Bäume Scharen von Krähen und Papageien konzer=
tieren, kriechen unten auf Erden still und geräuschlos die Schlan=
gen, der Skorpion und der Tausendfuß umher, und wehe dem
Unglücklichen, der mit diesen Geschöpfen in zu nahe Berührung
kommt.

Aber alles hat seine Zeit. Auch die Regenzeit nimmt ein
Ende. Gegen Mitte September fangen die Wolken an, sich zu
zerteilen. Die Sonne wird wieder sichtbar und die Hitze nimmt
nach und nach ab, so daß dieselbe von Oktober bis Februar sel=
ten über 85 Grad steigt. Der Reis, der in der Regenzeit hoch=
gewachsen, wird vor den letzten Regenschauern wieder gepflügt,
der Weizen und andere Feldfrüchte werden gesäet, und nun
wächst alles sehr schnell der Ernte entgegen. Mit dem Beginn
der sogenannten kalten Zeit, während welcher wohl manchmal
nachts Reif fällt, während Eisbildung nicht vorkommt, beginnt die
eigentliche Arbeitszeit. Es wird allerorts gebaut und repariert,
was die Regengüsse zerstört haben. Die Bauern sind auf den
Feldern beschäftigt. Die Heerstraßen, welche die größeren Städte,
Raipur, Belaspur, Sambalpur, Areng Rajim ꝛc. miteinander
verbinden, sind belebt mit Ochsenwagen, Lasten tragenden Kulis
und Pilgern, und unter den Laubdächern der Mango= und Ta=

---

*) Ruhr. **) Sumpffieber.

marindenhaine schimmern die weißen Zeltlager der englischen
Beamten, welche ihre Distrikte bereisen. Je und dann in einem
Dorfe, unter dem großen heiligen Barbaum, dessen Fuß mit rot=
gemalten Götzen umgeben ist, steht ein Missionar und predigt
den ihn umgebenden Heiden das Evangelium von Jesu Christo.

Bis zum Jahre 1820 herrschte der König von Nagpore als
unabhängiger Herrscher über ganz Chattisghar. Ihm gehörten
Land und Leute. Vasallen=Könige aber trugen abgegrenzte
Distrikte unter Tributentrichtung von ihm als Lehen, und diese
vergaben die einzelnen Dörfer mit den zu ihnen gehörenden
Ländereien an Günstlinge oder an Meistbietende als Afterlehen.
Die Dorfbesitzer aber verteilten die einzelnen Äcker unter gewissen
Bedingungen an die Bauern, von welchen also kein einziger ein
eigenes Stück Land bebaute, sondern solches nur für ein oder
mehrere Jahre in Pacht hatte. Von einem angestammten, vom
Vater auf den Sohn sich vererbenden Grundbesitz, von einer
eigentlichen Heimat konnte auf dem Lande keine Rede sein. Nur
in den größeren Städten gab es festsitzende Hauseigentümer.
Aber auch da kannten die Hindus nicht den Begriff „Heim,“ denn
die Häuser, von Erde gebaut, stürzen bald unter dem Einfluß der
gewaltigen Regen zusammen und werden dann oft verlassen, um
als Ruinen jahrzehntelang die Gegend zu verschönern.

Als die Engländer das Land in eigene Verwaltung über=
nahmen, ließen sie die Malguzare, d. h. die jeweiligen Dorf=
inhaber, in ihrem Pachtverhältnisse. Die Regierung aber bestimmte
für jeden Acker, je nach der Ertragfähigkeit des Bodens, eine
gewisse Abgabe, welche der sogenannte Dorfbesitzer zu entrichten
hat, einerlei, ob er das Land verpachten kann oder nicht. Zu=
gleich stellte die Regierung auch den Zins fest, unter welchem der
Malguzar sein Land in Pacht geben darf. Bei dieser Anordnung
ist der Dorfbesitzer im Grunde nichts anderes als ein unbezahlter
Steuereinnehmer der Regierung. Dabei hat er aber noch gar
viele Verpflichtungen. Er ist der Vater des Dorfes, hat in
Jahren des Mißwachses seine Pächter mit Reis und neuem Saat=
gut zu versehen, hat für die Beamten, welche in der Nähe seines
Dorfes ihre Zelte aufschlagen, alle Lebensmittellieferungen zu

besorgen, darf aber einen säumigen Pächter, der seinen Zins nicht zahlt, nicht vom Lande jagen. Erst wenn einer seiner Pächter drei Jahre lang nichts bezahlt hat und auch nach einer weiteren Frist von sechs Monaten die Schuld nicht entrichtet, kann ihn der Malguzar zum Verlassen des Dorfes zwingen. Einem Bauer aber, der sein ihm zugeteiltes Stück Land mehr als ein Jahr lang bebaut hat, kann der Dorfbesitzer nie mehr die Pacht kündigen oder erhöhen, und dieser bleibt im unge= störten Besitz seines Bodens. Auch städtisches Eigentum, für welches ein Pächter eine gewisse Reihe von Jahren die Regie= rungssteuer bezahlt, geht ohne weitere Formalität in den Besitz des Steuerzahlers über und bleibt ihm und seinen Erben so lange, als sie die Steuer entrichten. So ist die Regierung that= sächliche Eigentümerin alles unbeweglichen Eigentums geworden, das sie dann an denjenigen verpachtet, welcher die festgesetzte Steuer zur rechten Zeit bezahlt. Da nun in Indien sehr oft Mißernten eintreffen, gegen welche das leichtsinnige, nur dem heutigen Tage lebende Volk keine Vorsorge trifft, so hat sich in diesem Lande der Wucher in einer Weise festgesetzt, wie wohl kaum anderswo. Ob reiche Ernte oder nicht, die Steuern müssen bezahlt und Gelder unter allen Bedingungen aufgetrieben wer= den; solches schaffen die Wucherer zu 36 bis 72 Prozent, indem sie von vornherein 10 vom Hundert als Vorauszahlung in Abzug bringen. So kommt es also oft vor, daß ein Mann, der 90 Ru= pies erhalten hat, am Ende des Jahres 100 Rupies Kapital und 72 Rupies Zinsen zu zahlen hat. Kann er aber nicht zahlen, so wird ihm sein bewegliches Eigentum zum halben Preise abge= nommen, und nur zu oft muß, um einer verhältnismäßig gerin= gen Schuld willen, ein Familienvater total verarmt von Haus und Hof ziehen.

Bevölkerung.

Die Bevölkerung von Chattisghar ist sowohl in Bezug auf
Abstammung und Sprache, als auch hinsichtlich der Religion eine
sehr gemischte. Hindus und Sikhs, Kabirpantis und Satnamis,
Mohammedaner und Christen, Jains und Anhänger der ursprüng=
lichen Religionen der Waldbewohner leben nebeneinander und
durcheinander, ohne sich dabei gegenseitig zu vermischen oder zu
beeinflussen. Kastengesetze und verschiedene religiöse Sitten und
Gebräuche sondern sie alle streng von einander ab. Ebenso ver=
schieden wie Abstammung und Religion ist auch das Aussehen der
Einwohner Chattisghars. Die Ureinwohner, die Gonds, sind
von dunkler Hautfarbe, haben dicke Lippen und kurzes, meist
schlichtes, selten gelocktes Haar. Die Hindus sind von lichtkaffee=
brauner Farbe, haben kaukasischen Gesichtstypus und schwarzes,
glattes Haar. Unter den Satnamis aber trifft man hinsichtlich
der Farbe alle Schattierungen, vom schönsten Hell bis zum tief=
sten Schwarz, an. Bei vielen bemerkt man den mehr negerarti=
gen Typus der Ureinwohner, bei andern den edlen Körperbau
und Gesichtsschnitt der Brahminen. Die Satnamis sind eben
nicht ein Volk oder ein Stamm, sondern eine religiöse Sekte,
welche sich aus den verschiedensten Kastenleuten rekrutiert hat.
Wie überall in Indien, so bildet auch in Chattisghar die Kaste
eine nicht zu überbrückende Kluft zwischen den einzelnen Gruppen.
Das Kastenwesen hat durch alle Jahrhunderte hindurch bis auf
die heutigen Tage sich als einen Fluch erwiesen, als eine Macht,
welche alle guten Gaben und Eigenschaften der Hindus von jeder
Fortentwicklung abschloß und sich als eine unversiegbare Quelle
des Hochmutes, des Stolzes, des Neides, des Hasses und Zornes
erwiesen hat. Da die Satnamis und Kabirpantis zu den nie=
deren Kasten gehören, ja eigentlich kastenlos sind, so werden sie
von den Hindus aufs äußerste verachtet. Haben schon die Hin=
dus verschiedener Kasten gar keinen Umgang mit einander, so
daß sie nicht einmal in unmittelbarer Nähe bei einander ihr Essen
am gleichen Feuer kochen dürfen, so ist es leicht begreiflich, daß

sie sich von ihren kastenlosen Landsleuten noch strenger abson=
dern. Sie sind ihnen eben ein Greuel. In den Dörfern wohnen
die Satnamis immer abgesondert für sich. Kein Hindu betritt
freiwillig ihren Dorfteil, und keine Macht brächte ihn dazu, das
Haus eines solchen Unreinen zu betreten. Der Hindu schöpft kein
Wasser aus dem Brunnen, aus welchem ein Satnami getrunken,
und wird nie in solche Nähe zu ihm treten, daß er in Gefahr
käme, von seinem Kleide berührt zu werden. Der höhere Kasten=
angehörige redet auch nur aus der Entfernung mit dem Satnami
oder Chamar, damit das Wort aus des letzteren Munde von der
Luft zuvor gereinigt werden kann, bevor es in sein Ohr gelangt.
Hat aber der Chamar dem Hindu etwas zu übergeben, so muß
er es auf den Boden legen, oder im besten Falle muß er den
Gegenstand, Geld u. dergl., von einer beträchtlichen Höhe in die
Hand des kastenstolzen Hindu fallen lassen.

Es sind noch nicht viele Jahre seit der Zeit verflossen, da es
diesen niedrigen Kasten nicht erlaubt war, ein ordentliches Kleid
oder reine Wäsche zu tragen, und wenn je ein eitler Satnami
es wagte, sich doch nett kleiden zu wollen, so wurde gleich Jagd
auf ihn gemacht und ihm die Kleider vom Leibe gerissen. Diese
und viele ähnliche Unterdrückungen haben nun in den letzten
Jahren freilich aufgehört, denn vor dem englischen Gericht gilt
kein Ansehen der Person. Jetzt kleidet sich auch mancher Chamar
wie es die Hindus thun, legt wohl auch eine Schnur um seine
Schultern wie der Brahmine und trägt das Götzenzeichen an sei=
ner Stirne. Aber Frieden hat die Regierung zwischen den ein=
stigen Unterdrückern und den Unterdrückten nicht zustande
gebracht. Die niederen Kasten suchen jetzt so viel wie möglich
das frühere Unrecht, welches sie erlitten, zu vergelten. Durch
Meineid und falsche Zeugen vor Gericht ist schon mancher Hindu
von Satnamis und Kabirpantis ins Gefängnis geworfen worden.
Um dies zu erreichen, scheuen diese Leute keine Mühe und Kosten.
Ein beliebtes Mittel der Rache sind Schläge. Wird ein Hindu
von einem Chamar durchgeprügelt, so wird er unrein und hat
sich mit großen Summen Geldes wieder durch die Kaste reinigen
zu lassen. Für den niedrigen Kastenangehörigen aber zieht eine

Tracht Schläge, die er von einem Hindu erhalten, keinerlei üble sozialen Folgen nach sich. Wo deshalb Hindus und Chamars (Satnamis) in ein und demselben Dorfe, wenn auch in ver= schiedenen Teilen, wohnen, da suchen die Hindus so viel als möglich Streit und Zank, besonders Schlägereien zu verhüten. Es geht jeder seinen eigenen Weg.

Die Satnamis, welche ganz besonders Gegenstand unserer Mission sind, und auch die Kabirpantis sind zwei verhältnis= mäßig neuere Sekten, die sich zum größten Teil aus der Kaste der Chamars (zu den Shudras gehörende Lederarbeiter) rekru= tiert haben. Doch finden sich unter ihnen Abkömmlinge fast aller Kasten, selbst Mohammedaner. Solange die Chamars als Shudra, oder vierte Kaste der Hindus, ihren Kastengesetzen nach= kamen, wurden sie, wenn auch als unrein, doch immerhin noch als Kaste, als ein Zweig der Hindus betrachtet. Als sie aber neue Vereinigungen unter dem Namen Satnami und Kabirpantis bildeten und durch Aufnahme von allerlei Volk die Kaste brachen, wurden sie Parias, d. h. Kastenlose, Verfluchte.

Gegen das Ende des siebzehnten Jahrhunderts trat ein Mann Namens Rohidas auf und lehrte, daß in den Augen des Schöpfers, eines unsichtbaren Wesens, alle Menschen, ob schwarz oder weiß, gleich seien, und daß Götzendienst und was damit verbunden ist, vom Bösen sei. Diese Lehre, welche dazu ange= than war, das ganze Kastenwesen zu zertrümmern, fand über ganz Indien hin und unter den verschiedenen Kastenleuten, ganz besonders aber unter den niedrigsten Kasten der Shudras Anhänger, welche den Namen Satnami, d. h. wahrer Name, annahmen. Dazu kommt noch ein Ereignis neueren Datums. Vor etwa 73 Jahren lebte nämlich in der Nähe des Mahanadi= flusses unweit Sirpur ein Mann Namens Ghasidas, ein Hindu, zur Sekte der Nihang gehörend. Durch allerlei Unglück wurde er getrieben, die heiligen Wallfahrtsorte der Hindus zu besuchen, um den Zorn der Götter zu besänftigen. Auf seiner Reise nach Puri, dem großen Wallfahrtsort der Chaggatnath, mag er mög= licherweise mit Satnamis zusammengetroffen sein, vielleicht auch, daß er auf der an seinem Wege liegenden Missionsstation der

Baptisten in Cattak einige Eindrücke christlicher Lehre empfangen
hatte, welche ihn bewogen, Kastenwesen, Hinduismus und Götzen=
dienst als Irrtum aufzufassen. Thatsache ist soviel, daß er nach
seiner Zurückkunft auf dem Berge Girand anfing, die Grundsätze
der Satnamis in Chattisghar zu predigen. In einem Stücke
aber ging er weiter, als die schon vorhandenen Satnamis In=
diens. Er erklärte sich selbst als den Herold eines erst noch
kommenden Gurus, d. h. eines Lehrers, welcher ein Meister sein
und den wahren Namen des Erlösers verkündigen werde. Un=
terdessen sollten seine Anhänger das Joch des Götzendienstes, der
Priesterherrschaft und des Kastenwesens brechen und abwarten;
die Zeit der Freiheit werde bald erscheinen. Als Ghasidas im
Jahr 1835 starb, zählten seine Anhänger schon nach Tausenden.
Sein Nachfolger Amardas, welcher sich selbst zum Guru, zum
Heiland und Hohenpriester der Sekte der Satnamis in Chattis=
ghar machte, verbreitete die neue Lehre mit Erfolg, so daß heute
die Sekte der Satnamis wohl an achtzigtausend Anhänger betra=
gen mag. Heute besitzen die Satnamis zwei Gurus, Agardas
und Sahebdas, welche sich in Amt, Würden und Einkommen
teilen. Als Ghasidas auftrat, lehrte er wohl, daß es mit dem
Anbeten der Götzen nichts sei, aber er hatte nichts, das er an
Stelle des Götzendienstes hätte stellen können, und als der von
ihm vorherverkündigte weiße Guru, d. h. Missionar Lohr, kam,
da nahmen die Satnamis die Lehre von Jesu Christo nicht an.
Es hat sich dann ganz selbstverständlich mit der Zeit ein eigenes
religiöses System herausgebildet, das wohl kaum vom Guru
selbst in seiner Tiefe und Abscheulichkeit erkannt wird. Einzelne
religiöse Zeremonien sind so offenbar satanischen Ursprungs, daß
man sagen muß, der Geist des Menschen hat sie nicht erdenken
können. Die wenigen, welche die Bedeutung des „Reisepasses
ins Jenseits“ kennen, werden wohl mit mir übereinstimmen, daß
eine teuflischere Travestie des h. Abendmahls und der Worte:
„Wer mein Fleisch isset und trinket mein Blut, der hat das ewige
Leben,“ nicht erdacht werden kann.

Götzendienst wird von den Satnamis verworfen, aber die
Sonne und das Licht wird doch von ihnen angebetet. An die

Macht des Segens oder des Fluches der Brahminen glauben sie
nicht, aber vor Zaubern und Hexen, vor Syans oder Gunias,
fürchten sie sich. Am größten aber ist ihre Angst vor Geistern
und Gespenstern, und es ist für einen europäischen Christen
geradezu unbegreiflich, wie ein bloßes Hirngespinst, ein bloßer
Irrtum diesen Leuten so oft und in solcher Weise mitspielen und
sie so quälen kann, wie es in Wirklichkeit geschieht.

Die Kabirpantis, eine den Satnamis verwandte Sekte, welche
in Chattisghar mit etwa 250,000 Seelen vertreten ist, führen
ihren Ursprung auf Kabir zurück, welcher ums Jahr 1467 in
Matura mit dem Vorgeben auftrat, ein Authar, eine Verkörpe-
rung Gottes in Menschengestalt zu sein. Er wollte alles, Hindus
und Mohammedaner, vereinigen, lehrte die Anbetung des Nira-
kar, des formlosen Wesens, und verwarf Kastenwesen und Götzendienst. Da von vornherein in seiner Lehre sich mehr System
fand als in derjenigen des Rohidas, gewann er größeren Einfluß
auf die höheren Kasten. Die Kabirpantis besitzen religiöse
Bücher, in welchen ihr System und ihre Geschichte, sowie ihre
religiösen Verordnungen und Zeremonien fixiert sind, was bei
den Satnamis nicht der Fall ist. Von den Hindus aber werden
sie, wie die letzteren, als Parias angesehen und behandelt.

Eigentliche Städte, welche diesen Namen verdienen, gibt es
nur wenige in Chattisghar. Raipur, Belaspur und Sambalpur,
also die Provinzial-Hauptstädte, sind die einzigen, welche durch
eine Munizipalität regiert werden. Auf diese Munizipalität hat
die Regierung mächtigen Einfluß, und deshalb finden sich an
diesen Orten die städtischen Verhältnisse in guter Ordnung. Auf
den Dörfern aber, wo neben dem Malguzar nur noch der Kotwal (so eine Art Dorfdiener) Respektsperson ist, herrscht der
größte Schlendrian. In Straßen ausgelegte Dörfer sind selten.
Ein jeder setzt seine Erdhütte dahin, wo es ihm am besten paßt.
Die Gassen sind eng und schmutzig, oft ganz durch Misthaufen
und Gerümpel blockiert. Freilich trifft man auch Dörfer an, in
denen wahrhaft holländische Reinlichkeit herrscht, wo nicht nur die
Häuser von außen getüncht und in gutem Zustande erhalten werden, sondern wo selbst die Gassen mit Kuhdünger festgestampft

4

und wie die Wohnungen selbst bestrichen und mit Farbe über=
zogen werden. Doch solche Dörfer sind Ausnahmen. In den
meisten herrscht grenzenlose Unsauberkeit. Das Wasser beziehen
die Leute aus den nahen Teichen, von denen jedes Dorf wenig=

Chattisghar Weiber beim Wasserholen.

stens einen besitzt. Oft aber sind große Dörfer mit einer Menge
von Teichen umgeben. Sie sind alle mit hohen und breiten Erd=
wällen umgeben, welche mit Bäumen dicht bestanden sind, so daß
der Badende sich zu jeder Tageszeit im Schatten erfrischen kann.
Sehr oft finden sich die Götzentempel auf den Dämmen alter
Teiche. Gewöhnlich führen dann steinerne Treppenstufen bis auf
den Boden des Teiches, zu leichterer Ausübung der Waschungen,
welche zu den religiösen Obliegenheiten der Hindus gehören.
Wenn man nun bedenkt, daß diese Teiche nicht nur Badeplatz für
alle Dorfbewohner, sondern auch Schwemme für Büffel, Schweine
und andere Tiere sind, und daß alle und jede Wäsche in ihnen
gewaschen wird, so darf man sich nicht wundern, daß Krankheiten
und Seuchen die Leute oft dezimieren; denn dieses Wasser trin=

ken die Hindus und mit diesem Wasser kochen sie ihre Speisen. Die Unsitte aber, daß die schattigen Erdwälle der Teiche zum Abort fürs ganze Dorf dienen, macht das Wasser nicht reiner und besser, wenn auch der Hindu hundertmal meint, es schade nichts.

Die Häuser sind nach dem Vermögen der Inhaber meist aus Erde, seltener aus Stein gebaut. In den meisten Fällen genügen den Leuten einfache Grashütten. Vier Pfähle in die Erde geschlagen, dieselben mit Grasmatten verbunden und das Ganze mit einem Grasdach bedeckt, bildet ein Heim, wie es der genügsame Satnami oft nicht besser wünscht. Kann ein Hindu sein Haus mit einer Veranda umgeben, auf welcher man freilich der Niedrigkeit wegen kaum stehen, sondern nur sitzen kann, so sind seine höchsten Wünsche bezüglich der Wohnung erfüllt. In der Mitte des Dorfes steht, in der Regel etwas besser gebaut als die

Reiselager.

andern Häuser, die Wohnung des Malguzars, des Dorfbesitzers. Daneben befindet sich die Guri, ein offenes Lokal, welches für die Beamten und andere Reisende während ihrer Anwesenheit zur Benutzung bestimmt ist. Hier oder auf einem kleinen Platze,

der in keinem Dorfe fehlt und den Bewohnern als Versamm=
lungsplatz dient, wird von den Missionaren, wenn sie in die
Dörfer kommen, gepredigt. Gewöhnlich ist der Platz von einem
großen Nimbaum beschattet. Wo Hindus die Dorfbesitzer und
Dorfbewohner sind, finden sich gewöhnlich, sowohl im Dorfe
selbst, als in unmittelbarer Nähe desselben, Anpflanzungen der
prächtigsten Fruchtbäume. In den Dörfern der Chamars und
Satnamis aber fehlt jeder Baumwuchs. Nur einige stachelige
Sträucher vegetieren in den kleinen, schlechtgehaltenen Gärten.
Diese niederen Kastenleute haben nun einmal keine Freude am
Schönen und Nützlichen. Sie sind viel zu faul und gefühllos,
um irgend etwas zu thun, was sie nicht thun müssen, oder was
ihnen nicht sogleich Gewinn bringt.

Die Honoratioren (Standespersonen) eines Dorfes sind der
Malguzar und der Kotwal. Letzterer ist der Dorfwächter. Es ist
seine Pflicht, darauf zu sehen, daß im Dorfe alles ordentlich zu=
geht, daß die Anordnungen der Obrigkeit befolgt werden und die
nötige Reinlichkeit im Dorfe herrscht. Freilich differiert gewöhn=
lich sein Begriff von Reinlichkeit von dem, was die Obrigkeit
darunter versteht, ganz gewaltig. Er hat wöchentlich Anzeige
von Geburts= und Sterbefällen zu erstatten und in Fällen von
Verbrechen den Übelthäter der Polizei zu überliefern. Auch ist
er der Fruchtmesser des Dorfes. Als Gegenleistung für seine
Dienste erhält er von jedem Bewohner, je nach der Anzahl von
dessen Ochsen, für jedes Gespann jährlich 80 Pfund Reis und
für alles Getreide, das im Dorf verkauft wird, eine Handvoll
per Rupie. — Besitzt ein Bauer zwei Gespann Ochsen, so heißt
er Mandal und ist ein angesehener Mann, der seine Stimme im
Rate der Angesehenen des Dorfes hören lassen darf.

Einfach wie die Wohnung, ist auch die Einrichtung derselben.
Tritt man durch den einzigen Eingang in den Raum, welchen die
vier Wände umschließen, so fallen einem zuerst die großen, oft
fast den ganzen Raum ausfüllenden Behälter, aus Lehm und
Reisig erbaut, auf, welche zum Aufbewahren des Getreides die=
nen. In einer Ecke befindet sich ein aus Lehm errichteter, sehr
primitiver Kochherd, neben welchem sich etliche Wasserkrüge und

an der Wand einige Teller und kleinere Gefäße befinden. An
hölzernen Nägeln hängen solche Sachen, welche man den Zähnen
der Ratten entziehen will, und an einem Bambusrohr, das mit
zwei Schnüren am Dache befestigt ist, hängt der Kleidervorrat
der Familie, d. h. einige lose Tücher aus Baumwollzeug. Einige
Bettstellen, welche tagsüber auf der Veranda Platz finden und
als Tische, Stühle, Betten, Sofas u. s. w. dienen, eine Art,
Sichel, Schaufel und etliche aus Bambusrohr geflochtene Körbe,
die mit Kuhmist ausgestrichen sind, damit das Getreide nicht
durch die Öffnungen des Geflechtes fallen kann; das ist so ziem-
lich der ganze Hausrat einer Familie in den Dörfern. Eigentliche Betten, d. h. Matratzen, Decken und Kissen, brauchen die
Leute nicht. Der Indier findet sein Bett, wo er sich eben hinlegt,
fertig gemacht. Unter den vorhandenen Werkzeugen spielt die
obenerwähnte Sichel die mannigfaltigste Rolle. Von der Frau
wird sie als Küchenmesser zum Schälen der Früchte gebraucht,
vom Manne zum Schneiden des Grases. Sie ist das wichtigste
chirurgische Instrument, denn mit der rotglühend gemachten Spitze
werden die von Rheumatismus, Gicht und andern Übeln behaf-
teten Glieder gebrannt, bis Brandwunde an Brandwunde den
ursprünglichen Schmerz vergessen machen; und wieder greift der
Mann zur Sichel, um seiner Frau die Nase abzuschneiden, wenn
er sie beim Ehebruch ertappt hat.

Die Kleidung der Bewohner Chattisghars ist eine sehr verschiedene. Prächtig kleiden sich die Frauen der Marhatten. Eine
Art enger Weste ohne Ärmel, nur bis unter die Brust reichend
und Julya genannt, bedeckt knapp den oberen Teil des Körpers.
Bis auf die Füße fällt ein faltenreicher bunter Rock, während ein
feines weißes, neun Ellen langes Seiden- oder Baumwollentuch
in malerischen Falten die ganze Gestalt umhüllt, den Rücken und
Kopf bedeckt und nur einen handbreiten Streifen in der Magen-
gegend frei läßt. Wissen die Marhattinnen mit diesen wenigen
Mitteln sich mit wahrer altgriechischer Eleganz zu drapieren, so
besitzen jedenfalls die Hindufrauen der höheren Kasten Raipurs
die allerhäßlichste Tracht, die sich denken läßt. Auch sie benutzen
die Julya und tragen auch einen Rock, der aber nur bis zu den

Knöcheln reicht und so viele Falten und Besätze aufweist, daß
man meinen könnte, eine Frau trüge wohl ein Dutzend Röcke.
Bei jedem Schritt, den sie macht, fliegt auch der Rock, weil er
schwer ist, auf die Seite und gibt der wandelnden Person ein
ungemein drolliges Ansehen. Auch die Sari, d. h. das lange
weiße Tuch, wird von ihnen benutzt, doch so, daß sie damit den
ganzen Körper, Kopf und Gesicht dicht verhüllen, den Bauch aber
frei lassen, und da der Rock, um diesen edlen Körperteil ja ins
gehörige Licht zu setzen, so tief als möglich an den Hüften hängt,
so bietet so eine vornehme Hindufrau einen nichts weniger als
ästhetischen Anblick. Die Männer fast aller Kasten tragen sich
gleich. Ein Dhoti, d. h. ein Stück Zeug von neun bei drei Fuß
wird um die Beine gewickelt, eine leichte Jacke oder ein leichter
Rock samt Turban, Schuhen und Strümpfen vervollständigen die
gewöhnliche Kleidung der Stadtbewohner.

Anders kleiden sich die Chamars, Kabirpantis, überhaupt die
Landleute. Männer und Frauen tragen nichts als ein langes
Stück Baumwollstoff, das der Frauen Sari oder Lugra, das der
Männer Dhoti genannt. Jede Frau besitzt gewöhnlich zwei Lu=
gra, ein älteres und ein neueres, da sie unabänderlich vor jedem
Essen sich baden und das Kleid wechseln muß. Solange das
nicht geschehen ist, ist sie unrein, darf weder Speisen noch Koch=
geschirre anrühren. Die Sari wird in der Weise umgelegt, daß
die eine Hälfte den Unterkörper, die andere Hälfte Rücken, Schul=
tern und Brust bedeckt. Beim Marschieren und beim Arbeiten
im Freien wird aber der untere Teil so hoch aufgeschürzt und
um den Leib befestigt, daß die Beine bloß sind. Die meisten
Bauern tragen bloß einen Lappen als Bekleidung, solange sie
im Felde arbeiten; bei festlichen Gelegenheiten aber und wenn
sie in die Stadt kommen, erscheinen sie in dreifachem Dhoti.
Eins wickeln sie um den Leib, ein zweites um die Beine, ein
drittes um den Kopf; ist der Mann ein Stutzer, so trägt er wohl
noch ein viertes über die Schulter geworfen, damit die staunende
Welt seinen ganzen Kleiderreichtum auf einmal sehen kann.
Kinder bis zum zehnten oder zwölften Jahre gehen nackt. Von
dieser Zeit an aber tragen die Mädchen Frauentracht, nur mit
dem Unterschied, daß sie den Kopf mit der Sari nicht bedecken.

Auf Schmuckgegenstände legt der Hindu großen Wert. Gold und Silber, Messing, Erz, Blei, Zinn und Glas wird zu ihrer Herstellung gebraucht. Der volle Schmuck einer Frau besteht aus einem großen Nasenring, sechs bis acht Ohrringen (ich habe einmal 36 an einem Ohr hängend gezählt), welche den äußeren Ohrrand bedecken, silbernen Halsspangen und Halsketten. Ringe werden fast an alle Finger gesteckt. Besonders wird der Daumen als Ringträger bevorzugt und öfters trägt dieser allein eine ganze Anzahl dieser Schmuckgegenstände. Auch die zweite Zehe jeden Fußes wird mit sehr schweren Ringen besteckt. Diese Ringe dienen weniger zum Schmuck, als dazu, beim Gehen aneinander zu schlagen, um auf diese Art einen taktmäßigen Klang hervorzubringen. Jede Frau trägt vom Handgelenk bis zum Ellbogen hinauf eine große Anzahl farbiger Glasringe, welche aber, sobald sie Witwe wird, zerbrochen werden. Auch der Oberarm wird mit etlichen Spangen geschmückt, ebenso die Fußgelenke, um welch letztere breite, oft etliche Pfund im Gewicht betragende Spangen gelegt werden.

Die Männer tragen ebenfalls Ohrringe, oft drei bis vier in jedem Ohr; weiter sieht man an ihnen Halsketten, Arm= und Beinspangen, Gürtel, Finger= und Zehenringe, besonders an der großen Zehe. Hölzerne Perlen= und Korallenschnüre, welche beide Geschlechter tragen, haben religiöse Bedeutung.

Die Toilette der Bewohner Chattisghars ist sehr einfach. Die Frauen (d. h. diejenigen, welche sich kämmen) tragen das Haar in der Mitte gescheitelt und in Zöpfe gebunden. Der Scheitel wird mit roter Farbe bestrichen; dies ist ein Abzeichen der verheirateten Frauen. Die Männer lassen sich jede Woche einmal den ganzen Kopf, mit Ausnahme eines kleinen Platzes in der Mitte des Schädels, rasieren. Den nicht abgeschnittenen Büschel Haare trägt der Mann in einen Zopf gewunden. Der Schnurrbart ist Ehrenzeichen des Mannes und wird nur bei tiefster Trauer abrasiert. Die Hauptpflege des Körpers aber besteht im Abreiben desselben mit Öl oder Butter und im Kneten der einzelnen Glieder. Je glänzender eine von Öl triefende Person aussieht, desto mehr kann man auf ihren Wohlstand schließen. —

Die Hauptspeise der Bewohner Chattisghars ist Reis und Kodo,
eine Art Hirse. Die höheren Kastenleute essen den Reis mit
Curry und Hühnerfleisch, die Landleute aber begnügen sich mit
Reis und etwas Erbsenbrei. Zwischen 6 und 8 Uhr abends wird
in fast allen Häusern gekocht und zwar so viel, daß es auch für
den nächstfolgenden Tag ausreicht. Nach dem Essen wird in die
rückständigen Speisen Wasser gegossen, welches dann bis zum
andern Tag sauer wird und in Gährung übergeht, was dem Ge-
schmacke der Indier ganz besonders zusagt. Kodo ist ein Ersatz
für Reis und wird von ärmeren Leuten der Billigkeit wegen dem
Reise vorgezogen. Eßbare Wurzeln, junge Blätter von Bäumen,
Kürbisse, Rettige, Erbsen und Bohnen werden als Gemüse
gegessen. Brot von Weizenmehl wird nur bei festlichen Gelegenheiten genossen. Chapatties hingegen, eine Art Pfannkuchen, der
aber nicht in der Pfanne, sondern in heißer Asche von Kuhmist
gebacken wird und meistens zäh wie Leder ist, wird oft bereitet.
Hindus höherer Kasten leben etwas besser als das Landvolk,
besonders sind Zuckerwaren und in Öl gebackene Kuchen ihre
Lieblingsspeisen. Den Satnamis ist Fleischgenuß eigentlich verboten, weil sie kein Tier töten dürfen. Doch das Fleisch von
gefallenem Vieh verzehren sie ungescheut und streiten mit den
Schakalen selbst um Aas. In Zeiten, wo durch Seuchen viel
Vieh zu Grunde geht, wird das Fleisch desselben in Scheiben
geschnitten und getrocknet; diese dienen hernach gelegentlich als
Delikatesse.

Was nun das Familienleben der Hindus und sonderlich der
Satnamis anbelangt, so gestaltet sich dasselbe in mancher Hinsicht ganz anders als das Familienleben der Europäer. Zur
Familie werden eben nicht nur Kinder und Eltern gerechnet,
sondern es kommt sehr oft vor, daß z. B. drei oder vier verhei-
ratete Brüder mit ihren Eltern, Frauen und Kindern zusammen-
leben. Alle geben ihren Verdienst dem Vater, welcher Hausherr
ist und für alle sorgt, und dem auch alle gehorchen. Oft aber
kommt es vor, daß die jüngeren Brüder, nachdem sie sich verheiratet haben, sich von der Familie trennen und einen eigenen
Hausstand gründen. Dies geschieht aber nur, wenn die Frau

des jüngeren Bruders zu viel von der Frau des älteren Bruders
zu leiden hat, denn diese, ihre ältere Schwägerin, ist die Herrin
der jüngeren, der diese zu gehorchen hat. Solange der Vater
lebt, ist er in der Regel der Herr und das Haupt der Familie.
Er leitet und ordnet alles, selbst wenn die Söhne verheiratet
sind und eigene Kinder haben. Stirbt aber der Vater, oder wird
er krank oder kindisch, so tritt der älteste Sohn an seine Stelle. Er
wird das Haupt der Familie, und seine Frau hat die Leitung des
Hauses und die Aufsicht über ihre Schwägerinnen. Diese haben
vor ihr niederzufallen, ihr die Füße zu küssen, sie anzubeten,
ganz einerlei, welche Behandlung sie ihnen zuteil werden läßt.
Das Gleiche ist bei den jüngeren Brüdern dem älteren Bruder
gegenüber der Fall. Mag derselbe noch so tyrannisch gegen sie
verfahren, sie schelten, schlagen und verfluchen, sie werden doch
nicht unterlassen, ihm die schuldige Ehrerbietung zu erweisen und
ihn Vater und Versorger zu nennen. Wo aber je eine Schwieger=
tochter der Schwiegermutter nicht gehorchen, oder eine jüngere
Schwägerin der älteren die gebührende Ehre versagen würde, so
würden deren Männer ohne viele Umstände durch Schläge ihre
Ehefrauen gar bald zur Raison bringen. Wenn aber ein jün=
gerer Bruder gegen den älteren sich auflehnen oder Scheltwort
mit Scheltwort vergelten möchte, so würde er von der öffentlichen
Meinung gerichtet werden.

Geschieht es, daß der eine oder andere Sohn oder Bruder
erklärt, daß er in der Familie nicht mehr bleiben wolle, weil ent=
weder er oder seine Frau zu viel mißhandelt werde, so wird, wenn
alles Zureden sich fruchtlos erwiesen hat, zur Teilung des Ver=
mögens geschritten. Ein vollständiges Inventar alles Eigentums
wird aufgenommen und der Geldwert desselben festgesetzt. Zu
gleichen Teilen wird dann das Ganze unter alle Brüder verteilt,
doch hat jeder von seinem Anteil dem ältesten Bruder ein Viertel
zurückzuzahlen. Würde demnach die Summe von 96 Rupies
unter vier Brüder geteilt, so erhielte der älteste 42 Rupies, die
andern je 18. — Ist ein Bruder noch nicht verheiratet, so sind
auch die Hochzeitskosten ebenfalls noch zum voraus abzuziehen.
Es ist merkwürdig, wie weit die Verwandtschaft unter den Hin=

dus und Satnamis sich erstreckt, und es ließe sich ein Buch über
alle Regeln schreiben, welche von den einzelnen Familiengliedern
in ihrem Verhalten zu den Verwandten zu beobachten sind.
Vater, Mutter, Schwiegereltern, älteste Brüder und ihre Frauen,
Onkel und Tanten, wenn diese älter sind als die Eltern, ältere
Schwäger, Großvater von Vaters Seite, Neffen oder Söhne der
älteren Brüder und noch andere Verwandte müssen von seiten
des Mannes geehrt werden. Er hat diesen Verwandten die Füße
zu küssen und zu waschen; er redet sie nur mit „Sie“ an, darf
ihre Namen aus Hochachtung nicht aussprechen, sondern hat sie
mit ihrem Verwandtschaftsnamen zu nennen und muß ohne
Widerrede und Murren ruhig ihre Schmähungen und Schimpf=
reden ertragen. Alle Verwandten aber, die im jüngeren Grade
stehen, braucht er nicht zu ehren, sondern hat sie (um des guten
Tones willen), so oft als es angeht, zu schmähen. Schwieger=
mütter, jüngere Schwäger von seiten der Frau und die Groß=
eltern derselben dürfen geschimpft werden. Dann gibt es wieder
Verwandte, mit denen nicht geredet werden darf. Zu diesen
gehören die Frauen der jüngeren Brüder, ältere Schwestern und
jüngere Tanten der Frau. Ja, aus den Händen dieser Klasse
von Familiengliedern darf man nichts empfangen und ihnen
auch nicht so nahe treten, daß man mit ihrem Schatten in Be=
rührung käme. Geschwisterkinder werden als Brüder und
Schwestern angesehen und genießen die gleichen Vor= oder Nach=
teile wie diese. Frauen haben dem Schwiegervater, dem älteren
Schwager, den Schwiegeronkeln und ihren Frauen, sowie allen
obengenannten Verwandten in der Art Ehre zu erweisen, daß sie
vor diesen Personen das Haupt verhüllen, es vermeiden, in ihre
Nähe zu treten, vor ihnen niederfallen und sie nicht anreden
dürfen.

Verschieden sind auch die Begrüßungsweisen der Verwandten
unter sich. Frauen fallen den Schwestern, Tanten und älteren
Brüdern um den Hals und dürfen nur mit kläglicher, weinender
Stimme die Erlebnisse seit der letzten Begegnung erzählen, was
sie dabei aber oft auf poetische Weise in Versen vollbringen.
Mütter küssen ihre Kinder, Enkelkinder und Schwiegertöchter auf

die rechte Wange. Kinder hingegen fallen den Eltern zu Füßen.
Andere Verwandte werden begrüßt, indem man entweder mit
der Hand den Fuß derselben berührt, oder auch sich gegenseitig
die Hand reicht und solche hernach an die Stirne legt. Namens=
brüder und Namensschwestern werden zu Verwandten gerechnet,
sowie solche, mit denen man einen Freundschaftsbund schloß.
Verwandte aber und alle, die dazu gezählt werden, dürfen unter
sich nicht heiraten, mit alleiniger Ausnahme von des ältesten
Bruders Frau, welche nach dem Tode ihres Mannes von einem
jüngeren Bruder desselben geheiratet wird. Das Verbot der
Heirat wird bei den Satnamis noch über die Familienverwandt=
schaft hinaus aufs ganze Geschlecht übertragen. So darf kein
Glied des Geschlechtes „Feldbornen" ein anderes Glied dieses
Geschlechtes, oder ein Glied des Geschlechtes „Wurzelgräber" ein
Glied dieses Geschlechtes heiraten.

Die Frau verehrt ihren Gatten als ihren Herrn und Gebie=
ter. Sie fällt ihm zu Füßen, wäscht dieselben und betet ihn an.
Sie redet von ihm nie anders als von ihrem Herrn, oder als
vom Vater ihrer Kinder. Eine ordentliche Satnami= oder Hindu=
frau wird nicht einmal vor Gericht es wagen, den Namen ihres
Mannes über ihre unheiligen Lippen zu bringen. Der Mann
dagegen betrachtet seine Frau durchaus nur als Dienerin. Er
erniedrigt sich nicht so weit, sie zu grüßen oder gar sie zu küssen,
und redet er sie an, so geschieht es in einem barschen und herri=
schen Ton. Trotz alledem ist die Knechtschaft der Frau meistens
nur eine scheinbare. Gute Kenner der indischen Verhältnisse
meinen, daß doch in Wirklichkeit über ein Drittel indischer Fami=
lien von den Frauen regiert würden. Da die Ehen meistens
geschlossen werden, wenn die betreffenden Personen noch Kinder
sind, die oft erst im zweiten oder dritten Jahre stehen, so ist von
Liebe kaum eine Spur vorhanden, oft aber viel von dem Gegenteil.
Schenkt der Herr der jungen Frau als erstes Kind einen Sohn,
so hat sie das Wohlgefallen des Mannes erworben, und geschieht
es, daß mehrere Söhne nach einander geboren werden, so er=
scheint es dem Manne als ganz selbstverständlich, daß er seiner
also gesegneten Frau gehorche. Wehe aber dem armen Weibe,

dem der Herr Kinder versagt, oder der Frau, welche nur Mäd=
chen das Leben schenkt. Sie wird als eine von den Göttern
Verfluchte betrachtet, und der Gatte und seine Verwandtschaft
machen ihr das Leben so schwer, daß sie entweder das Haus ver=
läßt oder aber darauf bringt, daß ihr Mann eine zweite Frau
nimmt. In diesem Falle hat ihr die zweite Frau zu dienen und
sie zu ehren. In allen Fällen, wo ein Mann mehrere Frauen
besitzt, hat die erste derselben das Vorrecht und ist Herrin. Des=
halb ist es den Frauen nur genehm, wenn ihre Männer sich
öfters verheiraten. Jede neue Frau vermehrt die Ehre, Gewalt
und Bequemlichkeit der ersten, zweiten, dritten u. s. w. Mag eine
Frau nun auch noch so sehr die Oberhand im Hause haben, ihrem
Manne gegenüber bleibt sie in unterthäniger Stellung. Ehe er
gegessen hat, rührt sie keine Speise an, um sich selbst zu sättigen.
Auf der Straße folgt sie ihm nicht Seite an Seite, sondern in
ehrfurchtsvoller Scheu in einiger Entfernung. Von ihrem Herrn
erwartet sie unter keinen Umständen Handreichung in Ausübung
ihrer häuslichen Arbeiten und wird im Krankheitsfalle immer
fremde Hilfe suchen. Sie pflegt den Mann mit Aufopferung und
Treue, und ob sie auch noch so sehr mißhandelt, geschmäht und
gezüchtigt würde, so wird sie nie klagen, sondern das alles als ihr
von Rechts wegen zukommend erdulden. Und solche Mißhand=
lungen sind nicht etwas Seltenes. Manche Männer machen es
sich zur Pflicht, ihre Frauen jede Woche wenigstens einmal zu
schlagen, mögen diese schuldig oder schuldlos sein, nur damit sie
den gehörigen Respekt vor ihren Männern bewahren. Daß diese
Verhältnisse sich aber nur bei Heiden und Mohammedanern fin=
den, ist wohl selbstverständlich. Wo das Evangelium in einem
Hause eingezogen ist, hat es auch dieser Finsternis und dieser
Knechtschaft Bande gebrochen, und gewiß ist's, daß solche Hindu=
und Satnamifrauen in christlichen Verhältnissen noch in weiterem
Umfange als wir das Wort verstehen lernen: Wen der Sohn
frei macht, der ist recht frei. *)

---

*) Anmerkung. Die Padma Puran Shastrer (ein heiliges Buch der Hindus) sagt:
Eine Frau hat keinen andern Gott auf Erden als ihren Mann. Ihr Mann mag krumm
sein, alt, kränklich, böse in seinen Gewohnheiten; er mag cholerisch sein, verschwenderisch,

Daß die Kindererziehung bei den Indiern im argen lie=
gen muß, bezeugen die späteren Früchte. Ein Knabe, der ja
überall in allen Familien wie ein Hausgötze behandelt wird,
schlägt ungestraft seine Mutter, wenn sie nicht seinen Willen thut,
und hebt auch seine Hand gegen den Vater auf. Lernt der Knabe
gut lügen und schimpfen, so schmunzeln die Eltern und loben den
Knaben über seine Schlauheit und Dreistigkeit. Prügelt er seine
Schwestern, so heißt es: der wird einstens seine Frau zu behan=
deln wissen, wie es sich gehört. Geschlechtliche Sünden werden
den Kindern beiderlei Geschlechts, sobald es nur sein kann, an=
gelernt, und zwar meistens von den Müttern; es ist unglaublich
für diejenigen, die nicht Augen= und Ohrenzeugen gewesen sind,
mit welcher absoluten Schamlosigkeit in diesem Stücke vorgegan=
gen wird. Schamhaftigkeit ist deshalb auch ein ganz unbekannter
Begriff, sowohl unter Hindus, wie unter den Satnamis. Die
Erziehung der Kinder in Bezug auf das Lernen und Ausüben
der verwandtschaftlichen, sozialen und religiösen Gesetze, Rechte
und Ordnungen liegt gewöhnlich in der Hand der Großmutter.
Darauf verwendet sie all ihr Wissen und all ihr Können. Kennt
aber ein heranwachsender Knabe die wichtigsten dieser Kasten=
gesetze und die Verordnungen in Bezug auf Verwandtschaft und
Eheleben, so ist er vollendet und kann alles andere Wissen und
Können leicht entbehren.

Ist im Privat= und Familienleben der Eingeborenen kein
Fortschritt zum Besseren zu bemerken, es sei denn da, wo das
Evangelium Wurzel gefaßt und christliche Anschauungen, Sitten
und Gebräuche zur Geltung gekommen sind, so hat doch die eng=
lische Regierung in Indien großen Einfluß auf die Entwicklung
des öffentlichen Lebens ausgeübt. Volksbildung, Handel und
Gewerbe sind die Zweige, in welchen, wenn auch ein langsamer,
so doch ein stetiger Fortschritt sich bemerkbar macht.

---

ein Trinker, Spieler, Hurer, rücksichtslos und leidenschaftlich wie ein Dämon; er mag in
dieser Welt aller Ehre bar, blind und taub sein; seine Schlechtigkeiten und seine Fehler
mögen ihn niederdrücken, aber nie soll sein Weib ihn anders anschauen als ihren Gott.
Sie soll ihm dienen mit all ihrer Kraft, ihm gehorsam sein in allen Dingen; seine Fehler
soll sie nicht beachten und ihm keine Ursache zur Unruhe geben. In Gegenwart ihres
Mannes soll die Frau nicht auf die eine oder andere Seite schauen, ihre Augen sollen auf
ihn gerichtet sein, um seine Befehle zu empfangen.

Große Anstrengungen hat bisher die Regierung gemacht und dabei keine Kosten gescheut, um das Schulwesen zu heben und die allgemeine Bildung zu fördern, und wenn heute doch nur 5 Prozent unter dem männlichen Geschlecht lesen und schreiben kann (unter dem weiblichen aber nur 0,15), so ist die große Abneigung der Hindus gegen alle Bildung aus religiösen Gründen zu erklären, während bei den Chamars Indolenz die Ursache des geringen Erfolges ist. Von etwa 400,000 Chamars in Chattisghar können nur etwa 1100 lesen, von den 1,533,000 Ureinwohnern aber nur 810.

Besser stellt sich das Ergebnis bei den höheren Hindukasten. Besonders sind es die Brahminen und die Klasse der Kaufleute, welche die höheren Unterrichtsanstalten, Hochschulen, Colleges und Universitäten besuchen. In Chattisghar, wo in den Distrikts-Hauptstädten Hochschulen etabliert sind, werden dieselben auch von den höheren Shudrakasten, besonders von den Kasten der Goldschmiede und Gelbgießer, besucht. Da wissenschaftliche Bildung ein Erfordernis für irgend ein Regierungsamt ist, so drängen sich die jungen Leute in diese Schulen, und da die Hindus von Natur mit reichen Geistesgaben ausgerüstet sind, ist der wissenschaftliche Standpunkt, den sie erreichen, ein verhältnismäßig sehr hoher. Englische Elementarschulen finden sich in den Kreisorten Simga, Drug, Thamtari, Rajim und Areng. In den Dörfern aber sind Vernacularschulen *) etabliert, in denen die Jugend in der Hindisprache im Lesen, Schreiben, Rechnen und in der Geographie unterrichtet wird. Die Lehrer empfangen ihre Ausbildung in den Normalschulen, vornehmlich in Raipur.

Auf die Industrie, welche durchweg Handindustrie ist, hat die Schulbildung bis jetzt wenig Einfluß gewonnen. Gold=, Kupfer=, Eisen= und Blechschmiede, Weber, Färber, Wagenbauer, Schreiner und Zimmerleute bedienen sich heute noch der Handwerkszeuge, wie sie zur Zeit der Altvordern im Gebrauche waren. Jede Neuerung ist den Hindus verhaßt, doch hat die Nähmaschine bei den Schneidern Eingang gefunden; diese gehören also auch in Indien zur Fortschrittspartei. Industrieschulen, wie eine solche

---

*) Volksschulen, eigentlich einheimische Schulen.

Hindu-Gelehrter.

schon vor vielen Jahren in Raipur errichtet war, können nur sehr
langsam die heimische Industrie beeinflussen, weil der Hindu zu
sehr am Alten und Hergebrachten festhält. Das zeigt sich recht
auffallend beim Ackerbau. Der Pflug, wie er vor Jahrtausenden
gebraucht wurde, ein krummer Ast mit einer Eisenspitze versehen,
wird heute noch jedem andern vorgezogen. Als Egge bedient
sich der Bauer eines sechs Fuß langen Balkens; ein gabelförmig
gewachsener Ast vertritt die Stelle einer Heugabel. Die Viehzucht
liegt sehr danieder, denn da der Hindu kein Tier tötet, am aller=
wenigsten eine Kuh oder einen Ochsen, und da er überdies zu faul
ist, sich mit Butter= und Käsefabrikation in größerem Maßstabe
abzugeben, so hat er von der Viehzucht wenig Gewinn. Er nimmt
sich deshalb auch gar nicht die Mühe, für die dürre Zeit Heu zu
sammeln. Wäre es nicht für die Ochsen, welche in Indien das
am meisten geschätzte Zugvieh liefern, so würde jeder Versuch,
Viehzucht zu treiben, von vornherein ein Defizit ergeben. Der
Schafzucht wird mehr Sorgfalt zugewendet, um der Wolle willen.
Auch schlachten die Mohammedaner die Schafe, deren Fleisch teil=
weise auch von einigen Kasten der Hindus gegessen wird.

Am bedeutendsten hat sich unter Englands Vormundschaft der
Handel gehoben und den Verkehrswegen und Mitteln ist viel
Aufmerksamkeit zugewendet worden. Straßen, welche diesen Na=
men verdienen, gab es früher nicht. Von Dorf zu Dorf zogen
sich wohl während der trockenen Jahreszeit Wege hin, die da=
durch hergestellt wurden, daß die Dämme, welche die vielen klei=
nen Reisfelder umgaben, an Stellen zertrümmert wurden, um
einem Ochsenwagen Durchlaß zu gewähren. In der Regenzeit
aber wurden die Dämme wieder hergestellt und aller Verkehr
hörte auf. Bäche und Flüsse waren nicht überbrückt und deshalb
oft unpassierbar. Nur wenn ein hoher englischer Beamter seine
Provinz oder seinen Distrikt bereiste, wurden in aller Eile durch
Tausende von Kulis Wege und Straßen hergestellt, die aber so=
gleich wieder verschwanden, wenn der inspizierende Beamte seine
Reisen vollendet hatte. In dieser Beziehung ist nun aber Wandel
geschafft worden. Einige prächtige Kunststraßen verbinden die
Städte Nagpur, Raipur, Rajim, Areng, Belaspur und Sambalpur

und gute Brücken ermöglichen den Verkehr auch in der Regen=
zeit. Eine Eisenbahn, welche Bombay und Calcutta mit einander
verbindet und Chattisghar durchschneidet, erleichtert und beför=
dert den Verkehr in jeder Hinsicht und reguliert Ausfuhr und
Einfuhr in stetiger Weise. Sowohl die Kunststraßen als auch
die Eisenbahn haben auf die althergebrachten Verkehrsmittel
mächtig eingewirkt und zu vielen Verbesserungen Anlaß gegeben.
Nur sehr selten trifft man noch den Palankin, in welchem die
Wohlhabenderen sich von einer Anzahl Kulis durchs Land tragen
ließen. Verschwunden sind auch die Ochsenkarawanen, welche
manchmal aus Hunderten von beladenen, mit Muscheln und
Pfauenfedern geschmückten Ochsen bestanden und von phantastisch
gekleideten Treibern, männlichen und weiblichen Geschlechts,
geleitet wurden. Die primitiven und obwohl starken, so doch um
ihrer schmalen, einschneidenden Räder willen für gute Straßen
unbrauchbaren Wagen haben einer mehr praktischen, mit breiten
Rädern versehenen Art von Güterwagen Platz gemacht, obschon
die ersteren auf den Landwegen immer noch im Gebrauche sind.
In Abständen von zehn, zwölf oder mehreren Meilen sind an
den Heerstraßen sogenannte Dakbangalows, Absteigehäuser für
die Reisenden, erbaut, wo letztere ausruhen und herbergen können.
Ein Chansama, d. h. ein Angestellter, welcher Koch und Auf=
wärter ist, bedient die Reisenden mit Speise und Getränk nach
festgesetzten Preisen.

Die Post wird durch Läufer schnell und sicher besorgt. An
einem Stecken, der nach Lanzenart mit eiserner Spitze versehen
ist, trägt der Läufer in einem wasserdichten Sacke die nicht über
fünfzig Pfund betragende Post. Ohne Aufhalten, in gleichmäßi=
gem Trab, trägt er seine Last bis zur nächsten Tappa, einer
Lehmhütte, wo ein weiterer Läufer auf ihn wartet, der wiederum
den Sack auf die Schulter wirft und davonrennt, um seine Strecke
(sechs Meilen im Durchschnitt) zurückzulegen. In den Wald=
gegenden, wo wilde Tiere die Wege unsicher machen, tragen die
Läufer bei Nacht, zur Abwehr der Tiger und Panther, Fackeln,
werden aber trotzdem oft ein Opfer ihres gefährlichen Berufes.
Eine bequeme Einrichtung des trefflich organisierten Postdienstes

5

in Indien sind die Briefträger, welche die Briefe nicht nur in
den Städten dem Adressaten überbringen, sondern denselben auch
aufsuchen, wenn er auf Reisen sich befindet. Erfährt ein Post=
meister, daß ein Beamter oder ein Missionar sich auf Reisen
befindet, so wird seine Post ihm von Ort zu Ort nachgesandt,
und extra angestellte Läufer suchen den Empfänger auch an den
entlegensten Orten, oft mitten im Urwald, auf.

<hr/>

Religiöse Sitten und Gebräuche der Hindus und Satnamis.

Die Religion hat zu allen Zeiten die Sitten und Gebräuche
der Völker bestimmend beeinflußt. Je weiter eine Religion sich
von Wahrheit und Liebe und Gerechtigkeit entfernt, um so
unedler, roher und grausamer erscheinen auch die Sitten und
Gebräuche. Sie sind eben Früchte, welche die Natur des Bau=
mes erkennen lassen. Die Religion der Hindus ist im großen
und ganzen für alle Kasten eine und dieselbe, wenn auch die Na=
men der Götter und manche Zeremonien verschieden sind. Des=
halb finden sich auch bei allen Kasten dieselben Sitten und
Gebräuche vor, mit nur geringen Modifikationen bei den ver=
schiedenen Kasten. —

Begleiten wir einmal einen Hindu auf seinem Lebensgange,
von der Geburt an bis zum Grabe, oder bis zu dem Punkte,
wo die letzten Überreste seines Gebeins in die Fluten des Gan=
ges oder des Nirbuddhas versenkt werden, und wir werden auf
eine Reihe von eigentümlichen Sitten und Gebräuchen stoßen.

Wenn die Zeit da ist, von der es heißt: das Weib hat Angst,
denn ihre Stunde ist gekommen, so erscheinen auch in Indien
die klugen Frauen (deren es dort so viele gibt, als überhaupt
Frauen vorhanden sind) und beschweren den Leib der Dulderin
mit großen Steinen, so daß sie unter ihrer Last sich nicht drehen
noch wenden kann. Hat trotz dieser unnatürlichen Behandlung,

welche manch junges und altes Leben zerstört, das Kind glücklich das Licht der Welt erblickt, so wird dasselbe sogleich, ohne vorhergehende Waschung, mit Ricinusöl eingerieben, wovon man ihm auch in Nase und Ohr träufelt, — eine symbolische Handlung, durch welche dem Kinde Licht und Wärme zugeführt werden soll. Ist dieses geschehen, so wird das kleine Wesen untersucht, ob sich an seinem Leibe nicht irgend ein Mal finde, welches Glück oder Unglück verheißend sei. Findet sich ein solches vor, so wird nachgeforscht, ob unter den Vorfahren des Kindes jemand gelebt, der ein gleiches Zeichen an sich trug. Ist dies der Fall und war dieser Vorfahre unglücklich, so wird dem Kinde ein neues Zeichen am Kinn, an der Nase oder neben dem Ohr eintätowiert, wodurch das angeborne Zeichen seine Kraft als böses Omen verliert und also das Kind geschützt wird.

Nun überläßt man Mutter und Kind sich selbst und zwar ohne Essen und Trinken bis zum dritten Tage, während welcher Zeit die Mutter stille liegen muß und ebenfalls mit einem schweren Steine belastet ist. Der dritte Tag ist nun für den jungen Weltbürger der erste wichtige und bedeutungsvolle Tag. Die Mutter erhält als erste Speise drei Pillen, welche aus 32 verschiedenen Gewürzen, mit Molasses vermischt, bestehen, und nach diesen Pillen warmes Wasser mit etwas Reis. Das Kind aber erhält zum erstenmal die Brust. Während das kleine hungrige Wesen sich sättigt, wird die Spitze einer Sichel glühend gemacht und damit wird das Kind zwölfmal auf den Leib gebrannt. Es soll dies ein prophylaktisches *) Mittel zur Abwehr von Krankheiten sein. Zeigen sich aber trotz dieser Prozedur, oder infolge derselben, Krankheitssymptome, so wird die Dosis einfach verstärkt. Anstatt einfacher Stiche mit der glühenden Spitze der Sichel werden nun längliche Brandwunden hervorgebracht, oder es wird mit einem glühend gemachten Ringe der Leib des Kindes gebrannt. Letzteres geschieht sonderlich bei den Brahminen und höheren Kasten.

Der sechste ist der zweite bedeutungsvolle Tag. An diesem badet sich die Mutter, das Kind erhält seinen Namen und die Familie begeht den Tag festlich und in Wohlleben.

*) vorbeugendes.

Die Namengebung ist aber mit vielen Umständen verbunden und geschieht durch den Dorfguru oder einen Brahminen. Hat ein Elternpaar das erstgeborne Kind durch den Tod verloren, so schreibt der Hindu-Aberglaube dieses Unglück dem Zorne oder der Bosheit der Götter zu. — Um den Zorn des Götzen zu beschwichtigen, oder vielmehr, um den boshaftigen Gott zu betrügen, wird, um das zweite Kind zu retten, folgende Komödie ins Werk gesetzt. Unter Verwünschungen wird das Kind von Weibern in ein Nachbarhaus gebracht; dort legen sie es hin, indem sie sagen, daß die Mutter diesen Balg nicht behalten, sondern ihn, weil er sie ärgere, verschenken oder verkaufen wolle. Für die Summe von 5 Kauris, d. h. fünf kleinen Muscheln, wird nun ein Scheinverkauf vollzogen und dem Kinde ein recht häßlicher Name, welcher recht viel Verachtung ausdrücken soll, gegeben, z. B. pauch kauri = 5 Kauri, oder kuni, d. h. Mörder, oder purein, d. i. Auswurf, u. dergl. — Das alles soll dazu dienen, den Göttern zu zeigen, wie unwert das Kindlein den Eltern sei, und daß, wenn sie die Eltern strafen wollen, das beste Mittel dazu sei, ihnen das unwerte Kind zu lassen. Jetzt wird das Kind wieder zurückgebracht und ihm ein blaues Bändchen um den Leib gebunden, oder es wird ihm ein Glöcklein angehängt, damit der erste böse Blick der Dorfhexe nicht auf das Kind, sondern auf das Bändchen oder das Glöcklein falle und so seine verderbliche Kraft verliere. Nun kann die versammelte Gesellschaft sich zu fröhlichem Essen niederlassen. Für das Wohl des kleinen Weltbürgers ist ja alles Mögliche gethan; die Krankheiten sind mit der Sichel besiegt, die Götter mit dem Verkauf betrogen und der böse Blick ist durch das Bändchen oder Glöcklein unschädlich gemacht. Ruhig gleitet nun das Lebensschifflein des Kindes dahin, nur werden letzterem noch zweimal täglich, während eines ganzen Jahres, Thränen entlockt, wenn es nämlich über brennendem Kuhmist geräuchert wird. Sonst aber werden Thränen und Geschrei durch Verabreichung von Opium bis zum dritten Jahre siegreich bekämpft.

Mit Vollendung des dritten Jahres tritt nun das Kind in das Alter, wo nach indischem Gebrauche der Vater für seinen

Sohn eine Lebensgefährtin zu suchen hat. Er sieht sich demnach unter den Kindern weiblichen Geschlechtes um, und findet er, entweder im eigenen oder in einem benachbarten Dorfe ein Mädchen, das seiner Ansicht nach für seinen Sohn passen möchte, so rüstet er sich zur Brautwerbung.

Diese geschieht immer im Monat März, sonst zu keiner andern Zeit. Der Vater erscheint im Hause der Eltern des Mädchens mit den Worten: sagai karneko aya hun, d. h. ich bin gekommen, um Verwandtschaft zu machen. Sogleich wird er von der Mutter des Mädchens mit vielen Ehrenbezeugungen empfangen. Sie wäscht ihm die Füße und ladet ihn ein, sich im Hause niederzusetzen. Jetzt frägt der werbende Vater zuerst nach allen Verhältnissen des Hauses, nach Geld und Gut, nach Vieh und Land, nach Kindern und nach Verwandtschaft, und fallen die Antworten zu seiner Befriedigung aus, so stellt er seinen Antrag, d. h. er erniedrigt sich, um die Tochter des Hauses für seinen Sohn zu freien. Die Antwort ist in keinem Falle eine endgültige. Drei Tage Bedenkzeit werden erbeten und zugestanden, welche Zeit der Vater des Mädchens nun benutzt, um seinerseits sich nach den Verhältnissen des Brautwerbers und seiner Familie zu erkundigen. Dies darf aber nicht öffentlich vor sich gehen, sondern muß in aller Stille geschehen. Es wäre ein Verstoß gegen gute Sitte, wenn ein Elternpaar sich den Anschein gäbe, als sei es wählerisch hinsichtlich des Bräutigams und seiner Familie; sie sollen vielmehr hochgeehrt erscheinen, wenn irgend jemand sich so sehr erniedrigt, um ihre Tochter für den betreffenden Sohn zu freien. Am dritten Tage erscheint nun der Vater des Knaben wieder und erkennt sogleich am Empfang, der ihm zu teil wird, die Antwort auf seine Werbung. Wird er kühl aufgenommen, werden seine Füße nicht gewaschen, erhält er keine Einladung, ins Haus zu treten, so ist er abgewiesen; fällt ihm hingegen die Mutter des Mädchens zu Füßen und wäscht ihm dieselben, so ist sein Antrag genehm. In letzterem Falle wird nun zuallererst der Kaufpreis, welchen der Vater des Mädchens verlangt, genannt, und die Kleider bestimmt, welche an die Mutter, die Schwestern und andere weibliche Anverwandte der Braut zu

entrichten sind. Es wird gehandelt und geseilscht, bis endlich
diese Seite der Verlobung zu allgemeiner Zufriedenheit erledigt
ist. Man schreitet nun zur Festsetzung des Verlobungstages, wel=
cher unter den Tagen vor oder nach dem Neumond im Monat
Mai durch den Guru oder durch den Brahminen ausgewählt wird.

Drei Tage lang vor dem festgesetzten Tage werden nun die zu
verheiratenden Kinder mit Safran und Öl eingerieben und alles
im Hause der Braut für eine großartige Feier vorbereitet. Am
Nachmittage des Trautages aber erwartet die Braut mit ihren
Angehörigen an der Dorfgrenze den Bräutigam, welcher bald in
Begleitung seiner Eltern und Verwandten erscheint, mit großen
Ehren empfangen und nach dem Hause der Braut geleitet wird.
Bei niedrigen Kasten geschieht dies zu Fuß, bei hohen Kasten
aber im Palankin.

Jetzt beginnt eine Reihe von merkwürdigen Zeremonien,
welche mit geringen Modifikationen bei sämtlichen Kasten sich
wiederfinden. Bei den Kumbirs, d. h. der Bauernkaste, gestalten
sie sich in folgender Weise: Vor dem Hause der Braut setzt sich
die ganze Gesellschaft in zwei lange Reihen auf den Boden.
Dem Bräutigam gegenüber sitzt die Braut. Ihnen zur Linken
sind die Mütter und sämtliche weiblichen Anverwandten placiert, zu
ihrer Rechten die Väter und die männlichen Verwandten, so daß
den Frauen gegenüber die Männer zu sitzen kommen. Auf ein
vom Dorfguru (Dorfpriester) gegebenes Zeichen hin neigen die
Braut und ihre Anverwandten die Köpfe und nehmen eine demü=
tige Stellung an, während die Bräutigamsreihe samt und son=
ders zu toben, zu schimpfen und zu lästern beginnt. Die Braut
tritt ja nach vollendeter Hochzeit in die Verwandtschaft ihres
Mannes und vermehrt diese um ein weiteres Glied jener, wie
man in Indien glaubt, von den Göttern verfluchten Wesen, Wei=
ber genannt. Etwa eine Viertelstunde lang dauert die Aufregung,
bis alle möglichen und unmöglichen Schimpfwörter gebraucht und
die still zuhörende Brautreihe jeglichen Hohn und Spott über sich
hat ergehen lassen. Wieder gibt der Guru ein Zeichen, und nun
wird sämtlichen Gliedern der Bräutigamsabteilung aus einem
Kruge ein Schluck Wassers gereicht, welches sie im Munde behal=

ten, bis auf ein drittes Zeichen sie dieses Wasser den gegenüber sitzenden Brautleuten ins Gesicht speien. Dies geschieht in der Weise, wie sie einander gegenüber sitzen, der Bräutigam bespuckt seine Braut, sein Vater die Mutter der Braut, seine Mutter den Vater der Braut und so weiter. Jetzt erhebt sich die Brautreihe und fällt der andern zu Füßen und dankt für den Liebesdienst, welchen jene ihnen erwiesen, indem die Eltern der Braut besonders an den Bräutigam folgende Worte richten: Unsere Schmach hast du von unserem Halse genommen, die Last, welche die Götter uns auferlegt, hast du abgehoben.

Indische Bräute.

Darauf werden zwei Zipfel der Kleider des Bräutigams und der Braut in einen Knoten gebunden und die Ehe ist geschlossen. Es folgt nun noch eine besondere Zeremonie, welche darthun soll, welches von beiden Vermählten im späteren Leben als das stärkere sich erweisen wird. Es wird ein Pfosten in den Boden gerammt und an denselben werden zwei Stricke gebunden. Braut und Bräutigam fassen, einander gegenüberstehend, jedes ein Ende eines Strickes, und nun beginnt eine Jagd um den Pfosten herum, wobei eines das andere zu fangen trachtet. Wem dies glückt, das wird nun als dasjenige betrachtet, welches in Zukunft die Herrschaft im Hause an sich reißen wird.

Unterdessen ist im Hause das Festessen bereitet worden, und während dreier Tage wird nun die Hochzeit fröhlich und in Wohl leben gefeiert. Am vierten Tage aber zieht die ganze Gesellschaft ins Haus des Bräutigams, wo nochmals ein Festtag verlebt wird. Hierauf kehrt die Braut mit ihren Angehörigen nachhause zurück. Obschon erst zwei oder drei Jahre zählend, erhält sie doch alle Abzeichen der verheirateten Frau. Ihr Haar wird gescheitelt, der Scheitel mit Zinnober rot gefärbt und die Churi, die Glasringe, werden an ihren Vorderarmen befestigt, doch darf sie ihr Haupt nicht bedecken; dies letztere darf erst beim Eintritt in die Jung= frauschaft geschehen.

Ist diese Zeit gekommen, welches Ereignis in Indien mit dem neunten bis elften Jahre einzutreten pflegt, so wird wiederum eine Festlichkeit veranstaltet. Der Vater der jungen Frau begibt sich unverzüglich ins Haus des jungen Ehemannes und über= bringt die Nachricht: mur dhakti hai, d. h. sie hat das Haupt bedeckt, und sogleich hat er sein junges Weib zu sich zu nehmen, wenn auch der angehende Gatte oft kaum älter ist als seine Frau und erst 13 oder 14 Jahre zählt. Von nun an leben sie als Ehegatten. Dieses Heimholen nennt man Parthony oder Aus= lösung. Auf die erste Heimholung können aber noch zwei andere folgen. Ist nämlich die junge Frau einige Tage im Hause ihres Gatten gewesen, so läuft sie, wenn er sie nicht gut bewacht, von ihm fort, sie kehrt ins väterliche Haus zurück, wo sie ein volles Jahr zu bleiben berechtigt ist. Wird während dieser Zeit ein Kind geboren, so gehört dasselbe nicht dem Vater, sondern dem Schwiegervater desselben. Soll die Frau aber überhaupt zu ihrem Manne zurückkehren, so hat eine zweite Parthony zu gesche= hen, eine zweite Auslösung. Der Ehegatte hat aufs neue den Kaufpreis zu bezahlen und Geschenke zu geben. Läuft sie zum zweitenmal fort, so findet eine dritte Parthony statt, eine vierte aber ist nicht gesetzlich. Hat nun die Frau das Recht, zweimal dem Manne fortzulaufen und sich zweimal auslösen zu lassen, so hat der Mann seinerseits das Recht, sein fortgelaufenes Weib sitzen zu lassen und eine andere an ihrer Stelle zu nehmen. Er kann nicht gezwungen werden, sie auszulösen. In diesem Falle wird sie vom Vater verkauft, aber nur an einen Witwer, und nicht als rechtmäßige Frau mit Erbrecht, sowie ohne Heirats= Zeremonien. Es werden ihr vom neuen Manne bloß die Churi angelegt, die Glasringe, wie das bei jeder zweiten oder dritten Frau geschieht, welche ein Mann nimmt.

Allen Kasten gemeinsam sind auch die Gebräuche, welche beim Sterben eines Hindu beobachtet werden, sowie die Toten= feier. Ist das letzte Stündlein für ihn gekommen, so wird der Guru gerufen, der Priester. Dieser redet auf den Sterbenden ein: Hari bol, Hari bol, Ram bol, Ram bol! d. h. „Rufe den Hari, den Ram an!" Kann der Sterbende dies nicht mehr thun, so wird er vom Bette weggehoben und auf einen mit Kuhdünger gestrichenen Platz auf den Boden gelegt. Von einem goldenen Ohrringe wird alsdann ein Stück abgeschnitten, breit geschlagen und in acht Stücke zerteilt. Diese werden nun mit saurer Milch dem Kranken eingegeben. Dann erfaßt der Sterbende den Schwanz eines Kuhkalbes, welches an sein Lager geführt worden, und kann er selbst nicht zugreifen, so wird der Schwanz ihm doch im Glauben in die Hand gelegt, daß dieses Kalb, als göttliches Tier, die Seele des Sterbenden aus allem Übel herausreißen werde. Dieses Kalb wird nachher dem Enkel des Toten oder seinem liebsten Anverwandten überlassen.

Hat der Mensch den letzten Atemzug gethan und sein Auge für immer geschlossen, so wird die Schnur, welche jeder Hindu um den Leib gebunden trägt, abgerissen. Der Priester taucht seine Hand in flüssige Butter und drückt dieselbe als letztes Zei= chen auf das Herz des Toten, das er mit sich hinüber ins Jenseits nimmt. Er wird dann entkleidet, mit Öl gesalbt und in ein sechs Yard langes weißes Stück Musselin, welches keine farbigen Teile enthalten darf, gewickelt. Die Bettstelle des Verstorbenen

wird umgedreht, so daß die Füße aufwärts gerichtet bleiben, und
der Tote darauf gelegt. Während diese Zeremonien vor sich
gehen, darf aber kein Weib noch irgend ein Angehöriger einer
andern Kaste zugegen sein, weil dadurch der sonst reine Tote
unrein und vom Begräbnis ausgeschlossen werden würde.

Bei den Kasten, welche ihre Toten beerdigen, wird der Ver=
storbene entweder sitzend, oder auf dem Rücken oder dem Gesicht
liegend, ohne Sarg in die Gruft gelegt. Ist er gebettet, so wer=
den als Wegzehrung ins Jenseits Reis, Weizen, Milch, Butter
u. dergl. auf ihn gelegt; dann wirft der nächste Anverwandte,
und alle andern ihm nach, eine Handvoll Erde auf ihn. Das
Grab wird aufgefüllt und die Bettstelle des Verstorbenen als
einfaches Grabmonument umgekehrt daraufgelegt. Die Trauer=
gesellschaft aber bleibt acht Tage lang unrein. Sie geht während
dieser Zeit ungewaschen und ungekämmt in schmutzigen Kleidern
einher. Am achten Tage erst badet man sich, ein Festessen wird
bereitet und alles ist nun wieder rein. Nur die Witwe des Ver=
storbenen nicht. Ihre Haare werden abrasiert, ihre Churi zer=
brochen, ihr Geschmeide wird weggenommen und ein unreines
Kleid ihr angezogen. Eine zweite Heirat kann sie nicht mehr
eingehen, sie bleibt verflucht ihr lebenlang. Den Grund zu dieser
Behandlung gibt der Aberglaube der Hindus, daß ihr sündhaftes
Leben in einer vorangegangenen Welt die Todesursache ihres
Mannes sei. Es ist kein Wunder, daß Hinduwitwen von jeher
es vorgezogen haben, mit den Leichen ihrer Männer auch sich
selbst verbrennen zu lassen, als lebenslänglich in Schmach und
Schande, in Jammer und Elend zu leben. Solche Witwenver=
brennungen kommen deshalb auch heute noch vor, obschon sie
von der englischen Regierung verboten sind. Es wird freilich
keine Witwe gezwungen, sie besteigen den Holzstoß freiwillig und
werden dadurch Satis, Heilige, ja nach dem Glauben der Hindus
„Erlöserinnen ihrer Männer.“ Es wird die Selbstverbrennung
einer Witwe als das größte dharm karm, d. h. das größte
Werk der Gerechtigkeit, angesehen, das überhaupt verrichtet wer=
den kann.

Ähnliche Gebräuche werden beim Tode einer Frau beob=
achtet. Sobald sie gestorben ist, werden ihre Haare gekämmt
und das rote Zeichen auf dem Scheitel erneuert; ihre Churis
werden ihr gelassen. Lebt ihr Mann noch, d. h. ist sie nicht als
Witwe gestorben, so wird ihr der Name Phagiamani beigelegt,
d. h. Gesegnete; ist doch ihr Tod, vor dem ihres Mannes, dem
Hindu ein vollgültiger Beweis ihres guten Wandels in einer
früheren Welt.

Hat aber der Verstorbene vor seinem Tode nicht „Guru"
gemacht, d. h. hat er keinen Guru, keinen Führer fürs Jenseits,
sich erwählt, wie dies Pflicht eines jeden Hindu ist, so wird seine
Seele nach Hindu=Aberglauben ein Gespenst, welches verdammt ist,
die Überlebenden zu quälen. Um nun aber dem Gespenst die
Möglichkeit zu schaden zu nehmen, werden die Augen des Toten
mit Senf gefüllt, damit das Gespenst nicht sehen könne; der
Mund wird mit scharfen Gewürzen vollgepfropft, damit das Ge=
spenst die Stimme verliere und niemanden schrecken könne. Durch
den Kopf aber wird im Grabe ein Bambusrohr getrieben, damit
das Gespenst, in der Erde festgenagelt, nicht zum Schrecken derer
umherwandere, welche es zu quälen beabsichtigen würde. Das
sind Vorsichtsmaßregeln, von denen freilich die letzte die vorher=
gehenden völlig überflüssig zu machen scheint. Aber der Hindu
geht am liebsten sicher, nach dem Sprichwort: Zwei Schlösser
halten sicherer als eins.

Bei den Kasten, welche ihre Toten verbrennen, geschieht auch
diese Feier in Befolgung festgesetzter Regeln. In der Nähe eines
Flusses oder eines Teiches werden die Zurüstungen zur Ver=
brennung der sterblichen Überreste getroffen. Ein Stoß von
Chena, d. h. Fladen aus getrocknetem Kuhmist, wird errichtet.
Auf sieben Schichten solcher Fladen wird der Tote gelegt und
dann werden über ihn weitere Schichten von Chena, Holz und
Gras gehäuft. Rücklings nähert sich der nächste Anverwandte des
Verstorbenen mit einem langen Bambusrohr, an dessen einem
Ende ein mit Öl getränkter brennender Lappen befestigt ist, dem
Stoße und versucht, das dürre Gras des Stoßes in Brand zu
setzen. Dabei ist es ihm aber nicht erlaubt, sich umzuwenden

und einen Blick auf den Stoß selbst zu werfen. Die übrigen
Anverwandten sitzen von ferne, ihre Angesichter dem Toten zuge=
wendet. Wenn das Ganze etwas heruntergebrannt ist, so muß
der Leichnam umgewendet werden, was wieder blindlings zu
geschehen hat, wobei es nicht selten vorkommt, daß die Leiche aus
der Glut herausfällt und dann wieder mit großer Mühe rücklings
in dieselbe zurückgestoßen werden muß. Nachdem das Ganze
verbrannt ist, nähern sich die Anverwandten, sammeln die noch
vorhandenen, nicht verbrannten Knochen und zerschlagen dieselben
mit Steinen. Einzelne Splitter von den Knochen der Finger und
Zehen, des Brustbeins und des Schädels werden in einen Topf
gesammelt und mit etwas Reis und Gangeslehm vermischt.
Dann wird der Topf zugebunden und unter die Wurzeln eines
Pipalbaumes (welcher in Indien für heilig gilt) vergraben.
Über diese Reliquie wird an einen Ast des Baumes ein mit
Wasser gefüllter Topf gebunden, dessen Boden mit einem kleinen
Loche, durch welches ein Strohhalm gezogen ist, gehängt, so daß
das Wasser langsam auf die vergrabenen Knochen tröpfelt. Dies
geschieht acht Monate lang. Nach dieser Zeit werden die Über=
reste wieder hervorgeholt; der Dorfpriester nimmt sie aus dem
Topfe, bindet sie in ein Säcklein und hängt dasselbe dem näch=
sten Anverwandten um den Hals. Sofort hat dieser mit seiner
Last die Wallfahrt nach dem bestimmten sangam (d. h. Zusam=
menfluß zweier oder dreier Ströme, wo ein Wallfahrtsort sich
befindet, wie bei Allahabad, am Nirbuddha oder bei Rajim) an=
zutreten. Obschon die Knochen heilig sind, wird der Träger
durch sie unrein. Er kann also in kein Haus treten, auch nicht
in das eigene, er darf nicht reiten oder fahren, sondern muß die
oft viele hundert Meilen betragende Strecke zu Fuß zurücklegen.
Bei seiner Ankunft wird er von den Priestern empfangen. Diesen
übergibt er seine Opfer, seine Gaben im Namen des Verstor=
benen. Darauf nimmt der Priester das Säcklein vom Halse des
Trägers, ruft den Namen und Stand des Toten, dessen Überreste
er in seiner Hand hält, aus und versenkt sie alsdann in die
Fluten des Stromes. Jetzt erst beginnt für den Hindu die See=
lenwanderung, welche Wanderung durch reichliche Opfer, beson=

ders aber durch Zeremonien, wie sie in nachfolgendem geschildert werden, erleichtert wird. Zuhause aber wird im Namen des Toten, nach Zurückkunft des Trägers, noch einmal ein Festessen gegeben, und alsdann ist der Verstorbene vergessen. Ganz die= selben Gebräuche finden auch mit den Knochen eines Begrabenen statt, welche nach bestimmter Zeit ausgegraben und in obiger Weise nach einem Wallfahrtsorte gebracht werden.

In Verbindung mit dem Kultus der Toten, hauptsächlich um ihre Seelenwanderung bald zum Abschluß zu bringen, findet sich noch ein ebenso eigentümlicher als abscheulicher Gebrauch vor, welcher sicherlich dazu angethan ist, so viel Geld als möglich aus den Anverwandten des Toten für die Kaste der Totengräber (welches Brahminen sind) herauszuschlagen. Da der Brahmine heilig, ja Halbgott auf Erden ist, so gibt es für den Hindu kei= nen höheren Wunsch, als mit dem Brahminen in Gemeinschaft zu kommen und seiner Heiligkeit und göttlichen Würde teilhaftig zu werden. Bei Leibesleben ist das nicht möglich, wohl aber nach dem Tode, und zwar in der Weise, daß der Totengräber vom Leichnam Stücke Fleisch abschneidet und dieselben ißt. Da= bei verunreinigt sich der Brahmine nicht, auch wenn der Tote einer niederen Kaste angehörte, weil die Leiche heilig ist. Natür= lich geschieht solch Essen nur gegen große Bezahlung. Für solche, welche die Mittel nicht aufbringen können, ist aber ein Ausweg geschaffen; es kann für den Leichnam ein Substitut gegeben wer= den. Dieses ist ein aus Reisteig vom Brahminen hergestelltes Bild des Verstorbenen, welches Bild vom Brahminen gegessen werden soll. Vor versammelter Trauerversammlung schickt sich der Brahmine an, für eine festgesetzte Summe das Bild zu essen. Aber kaum hat er unter entsetzlichen Grimassen einige Bissen hin= untergewürgt, so fängt er an zu protestieren und zu klagen: „Ich kann nicht mehr, ich krieg's nicht hinunter." Nun wird die Summe verdoppelt und alle bitten und betteln, daß der Brah= mine doch ja noch mehr essen soll. Das ganze Bild muß ja ver= zehrt werden, sonst hilft's nicht und das Geld ist verloren. — Er nimmt wieder einige Brocken zu sich, läuft fort, wird zurück= geholt, sein Schlund wird wieder mit neuen Rupien schlüpfrig gemacht, bis endlich, oft nach tagelangem Bitten und Betteln, Protestieren, Schimpfen und Zahlen, der Brahmine das ganze Bild und zugleich auch einen beträchtlichen Teil des Besitzes der Anverwandten des Verstorbenen verschlungen hat. Es ist klar, daß nur die Reichen und Großen des Landes imstande sind, soviel zu bezahlen, daß die Brahminen nicht nur das Bild, sondern gewisse Teile des Leichnams selbst aufessen, und daß dabei jeder Bissen mehr als mit Gold aufgewogen werden muß. So hat es vor einigen Jahren den Erben des Königs von Kairaghar, welch letzterer an einer schimpflichen Krankheit starb, viele Dörfer und Elefanten, viel Gold und Juwelen gekostet, bis der Leichnam des Königs auf obige Weise verzehrt worden war.

*   *   *

Unter den in ganz Indien und in sämtlichen Kasten sich vorfindenden religiösen Gebräuchen ist einer der allerwichtigsten das „Guru machen." Jeder Hindu hat, wenn er nach dem Tode nicht ein ruheloses Gespenst werden will, einen Guru, d. h. einen Führer ins Jenseits, sich zu wählen, und zwar unter den zu Gurus bestimmten, in die Mysterien der religiösen Orden eingeweihten Personen. Bei den Hindukasten sind es die sogenannten Mat, d. h. die religiösen Verbindungen, bei den Satnamis und andern kastenlosen Sekten ist es der Hauptguru, welcher die Qualifikation zum Guruamt erteilt. Jeder Brahmine kann Guru für niedere Kastenleute werden. Die Priester der Brahminen aber sind die bezeichneten Guru für letztere.

Unter dem Pipalbaum eines Dorfes sitzt ein solcher Seelenführer und liest oder murmelt die slocks (Verse) der heiligen Vedas in der Sanskritsprache vor sich hin. Um ihn sammelt sich allerlei Volk, mit Andacht den heiligen, ihnen aber unverständlichen Worten lauschend. Da wendet er sich, seine Gebete unterbrechend, an das Volk, preist seinen Götzen und sich selbst als Heiland und Guru an, unter Hinweis auf die eigene Vortrefflichkeit und Heiligkeit. Tritt nun ein Mann vor, welcher ihn zum Guru sich erwählen will, so stellt er sich neben ihn, murmelt einige Sprüche der Vedas in sein Ohr und legt ihm eine Kette um den Hals oder eine Schnur, auf welcher etliche Holzkügelchen aufgereiht sind. Alsdann steckt er ein kleines, in einem Thon=gefäße sich befindendes Öllicht an, legt um dasselbe einige Körner Reis und durchwandert mit diesem Lichte in der Hand das Haus und das Land des neugewonnenen Chela (Jünger), dessen gesamtes Besitztum segnend. Dreimal umkreist er mit dem Lichte auch dessen Angesicht, sowie das aller Hausbewohner, sie alle segnend. Eine geraume Zeit lang unterrichtet der Guru seinen Zögling in allen Verhaltungsmaßregeln und besucht ihn hernach in gewissen Zeiten, vornehmlich zur Zeit des Daserah=Festes. Selbstverständlich geschieht dies alles nicht ohne Bezahlung. So=bald die Einsegnung des Jüngers mit dem Lichte vollbracht ist, verlangt der Guru eine Gegenleistung, und dies mit den Wor=ten: Asthkauel ka dakshina karo, d. h. „Das Beste in deinem Besitz gib mir." Unter diesem Besten versteht der Hindu aber neben Geld und Gut die Frauen: Mutter, Frau und Töchter des Chela, und diese werden denn auch dem Guru für eine bestimmte Zeit zu eigen überlassen, so daß er uneingeschränktes Verfügungs=recht über dieselben erhält und sie sogar, wie dies bei den Sat=namis häufig vorkommt, dem Meistbietenden für die angesetzte Zeit zu Zwecken der Unzucht überlassen kann. Der neue Jünger betet dafür seinen Guru an, ist ihm gehorsam und trinkt das Wasser, mit welchem jener seine Füße wäscht. Damit thut er alles, was für sein Seelenheil notwendig ist. Ohne Hindernis kann er nun nach seinem Tode die Seelenwanderung antreten, um einst am Ende derselben zum Nirwana zurückzukehren, ins ewige Nichts.

Die Religion der Hindus dürfte im allgemeinen als bekannt vorauszusetzen sein. Es sind drei Hauptgottheiten, die sogenannte Trimurti (Dreigötzenschaft): Brahma, Wishnu und Shiwa, welche durch ganz Indien hin verehrt werden, neben einer Unzahl von andern Göttern, vom Mahadeo (d. i. großer Gott) an bis hin=unter zu den zahllosen Feld=, Wald=, Haus= und Brunnengeistern. Auffällig ist aber, daß der Hindu nie alle drei obengenannten Hauptgottheiten verehrt, sondern bloß einen derselben zu seinem

Trimurti.

Spezialgott erwählt und diesem dann um so nachdrücklicher zu
dienen wähnt, wenn er die zwei andern verachtet und verunehrt.
Außer der Trimurti genießt allgemeine Verehrung Ram, ein
Sohn des Königs Daihrath; er wird als eine Inkarnation des
Mahadeo betrachtet und als der eigentliche Nationalheld der Hin=
dus verehrt. Neben Ram wird Ganesh, ein Sohn des Mahadeo
und seiner Gattin Parwathi, viel verehrt. Dieser letztere wird
als eine sitzende Menschengestalt mit dickem Bauche abgebildet
(weil Ganesh gerne Süßigkeiten ißt) und einem Elefantenkopfe,
dem der eine Zahn fehlt. Wie der Sohn Mahadeos zu dieser
Auszeichnung gekommen ist, wird in den Vedas auf vierfache
Weise erzählt. Eine Version ist folgende:

Ganefh.

In feinem Schlafgemache lag, während der Tag am heißeften
war, Mahadeo auf feinem Lager und fchlief, während Parwathi,
feine Gattin, mit einem Fächer ihm Kühlung zufächelte und den
Fliegen wehrte, damit diefelben nicht die Ruhe des großen Got=
tes ftören follten. Aus Unachtfamkeit aber ließ fie den Fächer
fallen und weckte dadurch Mahadeo, welcher, um feine Gattin zu
züchtigen, die Fauft zu gewaltigem Schlage erhob. Aber Par=
wathi neigte fich fchnell zur Seite und der Schlag traf anftatt
ihrer Perfon den aus ihrem Schweiße geborenen Sohn Ganefh
mit folcher Gewalt, daß fein Kopf in die Unendlichkeit hinaus=
flog. Sogleich bereute Mahadeo feine rafche That, aber unver=
mögend, das abgefchlagene Haupt feines Söhnleins wieder zu
finden, gab er einem Brahminen den Befehl, nach Norden zu
wandern, bis er in einem Walde einen am Boden liegenden

6

Elefanten finde, dessen Haupt nach Norden gerichtet sei. Dieses
Haupt solle er vom Körper trennen und ihm überbringen. Dem
göttlichen Befehle gehorsam, führte der Brahmine alle Instruk-
tionen genau aus und brachte das Haupt, welches Mahadeo dem
Ganesh mit den Worten aufsetzte: „Von nun an sollst du in ganz
Indien unter allen Göttern am meisten verehrt und dein Name
soll vor den Namen aller Götter genannt werden." Auf diese
Legende hin ist nun die Sitte zurückzuführen, daß in ganz Indien
keine Kastengerichtsverhandlung, kein Fest begonnen und keine
Versammlung eröffnet wird ohne vorherige Nennung des Namens
Ganesh, auch wird keine Zeitung herausgegeben und kein Buch
gedruckt, ohne daß obenan die Worte geschrieben stünden: Sri
ganesh jaynama = Sieg dem Namen des herrlichen Ganesh.

Die Art und Weise, in welcher den Götzen gedient wird und
dieselben verehrt werden, ist mit geringen Modifikationen bei
allen Götzendienern die gleiche, mag der Götze Ram oder Krishna,
Ganesh oder Wishnu heißen. Um ein anschauliches Bild eines
solchen Götzendienstes zu geben, diene uns die Lingam pujha,
d. h. die Anbetung des Lingam, des Zeichens des Mahadeo,
durch einen Brahminen.

· Es ist Morgen; am Teiche steht der Brahmine, um mit religiöser Waschung den Tag zu beginnen. Vor sich hin stellt er
einen aus schlammigem Lehm geformten Lingam, d. h. eine etwa
5—6 Zoll hohe Säule. Nun gießt er Wasser über sich selbst,
gegen die Sonne hin, und über seinen Götzen, dabei Sprüche
aus den Vedas in der Sanskritsprache murmelnd. Mit nassem
Kleide geht er dann nachhause, mit niemandem redend und
unter fortwährendem Gebet, das freilich nur aus den oft wieder-
holten Worten Ram, Ram, sita Ram besteht. Zuhause ange-
kommen, wirft er das nasse Kleid auf das Dach seiner Veranda
und nähert sich nun entblößt, nur ein seidenes Tuch um die
Hüften und das Janeu, die heilige Schnur der Brahminen, ums
Ohr gewickelt, dem Hausgötzen, von ferne schon tief vor ihm sich
verneigend und ihn anbetend. Der Götze, der vorhin schon er-
wähnte Lingam, steht auf einem Postament von Lehm mit Kuhdünger beschmiert. Langsam tritt der Betende näher, in seiner

Betender Brahmine.

Hand ein Gefäß mit Blumen zum Opfer tragend. Diese Blumen legt er nun um den Götzen her, etliche auch auf ihn, und bestreicht ihn mit Gangeslehm und bespritzt ihn mit Gangeswasser. Jetzt setzt er sich vor dem Götzen mit untergeschlagenen Beinen nieder und murmelt die vorgeschriebenen Gebete aus den heiligen Büchern. Neben ihm steht ein silbernes Gefäß mit Gangeswasser gefüllt, in seiner rechten Hand hält er einen kupfernen Löffel, mit welchem er fortwährend, etwa 15 Minuten lang, das Wasser aus dem Silbergefäß schöpft und es wieder zurückfließen läßt.

Die linke Hand hat er dabei mit einem Tuche bedeckt. Ist dieser Teil der Anbetung vollendet, so mischt er in einem Messinggefäß Gangeswasser, Lehm und Sandelholzpulver durcheinander, mit welcher Mischung er sich entweder mit zwei oder mit drei Fingern das Götzenzeichen auf Stirne, Brust und Arme zieht, um als=bann, also geschmückt, eine bis drei Stunden lang vor dem Götzen zu beten und sich vor ihm zu verneigen. Zuletzt ergreift er eine kleine Klingel, läutet dem Götzen etwas vor und singt dabei einige Verse. Zum Schluß bedeckt er ihn mit einem seidenen Tuche und geht nun, um sich anzukleiden und sein Essen, das bisher unberührt stand, einzunehmen.

Der gemeinsame Götzendienst im Tempel vollzieht sich in ganz gleicher Weise, nur daß dort die Priester alle Funktionen unter Musikbegleitung vornehmen, während das Volk nur die Opfer bringt und zuschaut.

Religiöse Feste,

welche von sämtlichen Kasten allgemein gefeiert werden, gibt es vornehmlich drei: das Dewali=, das Holi= und das Daserah=Fest, zu welchen als viertes noch das Pitarparb gerechnet werden kann.

Das Dewali=Fest ist das eigentliche Neujahrsfest, welches Ende Oktober oder Anfangs November mit dem Neumonde beginnt. Zur Vorbereitung auf dieses Fest werden die Häuser gereinigt und weiß übertüncht, die Verandas und Ornamente an den Häusern mit bunten Farben bemalt, die Fußböden mit Kuh=mist bestrichen und alle Vorbereitungen für festliches Wohlleben getroffen.

Am ersten Tage des Festes, welches drei Tage lang gefeiert wird, werden die Tiere geschmückt und ihre Hörner mit Weizen=stroh umwunden. In einem Dorfe versammeln sich die Rauts, junge Leute aus der Hirtenkaste, sämtlich festlich aufgeputzt, in gelbe Tücher gekleidet und mit Kauris (kleinen Muscheln) und

Indisch-religiöse Festlichkeiten.

Pfauenfedern geschmückt. Unter einem Vortänzer ziehen sie, sechzehn oder vierundzwanzig Mann hoch, vor die Häuser der Viehbesitzer, der großen und vornehmen Leute, um hier ihre wirklich kunstvollen und anmutigen Tänze, welche lange Übung und viel Geschick voraussetzen, aufzuführen. Nachdem sie an der Thüre des Hauses, vor dem sie getanzt haben, das Götzenzeichen angebracht, werden sie mit Geld beschenkt. Andere junge Leute vergnügen sich an diesem Tage mit Fechten, Scheinkämpfen u. dergl., während da, wo Wettrennen und allgemeine Lustbarkeiten abgehalten werden, allerlei Volk sich sammelt.

Der zweite Tag des Dewali-Festes ist vorzüglich dem Essen und Trinken gewidmet. Wenn es Abend geworden ist, erhellen unzählige Öllichter in kleinen Schalen die Häuser, die Höfe, die Gartenzäune und Bäume — eine Illumination, welche einen gar lieblichen Eindruck hervorbringt.

Der dritte Tag aber ist der Hauptfesttag. Alle Kasten ver= sammeln sich vor dem Hauptgötzen des Dorfes, wo diesem zu Ehren getanzt und gesungen wird. Es wird Opium und Hanf geraucht, bis die ganze Gesellschaft berauscht ist. Der eine oder andere aber, durch diese narkotischen Mittel rasend gemacht, stößt sich den kleinen trischul, eine eiserne Gabel, durch die Wangen oder durch die Zunge, und gleich einem Wahnsinnigen läuft er, mit Blut bedeckt, unter dem Geschrei des Volkes in der Menge umher.

Während dieses Festes ruht alle Arbeit; dafür wird aller= orten um Geld gespielt, denn während dieser drei Tage wird das Verbot des Hazardspieles, dem die Hindus sehr ergeben sind, zurückgezogen. Es ist das Dewali-Fest auch die Zeit, wo, selbst zwischen Angehörigen verschiedener Kasten, Blutsbrüderschaft (Mahaprasad) geschlossen wird. Zu diesem Zwecke treten die beiden, welche auf Lebenszeit sich einander als Brüder weihen wollen, vor den Götzen Mahadeo und zerschlagen vor ihm einige Kokosnüsse als Opfer, von welchem sie zusammen essen. Nach diesem Akt haben sie vollkommene Gemeinschaft des Besitzes, der Weiber und Kinder ihr Leben lang und jeder darf den andern zu irgend einer Hilfeleistung rufen. Nur dürfen sie, wenn sie

Angehörige verschiedener Kasten sind, nicht mit einander essen, weil die Kastengesetze dies verbieten. — Am vierten Tag des Dewali=Festes werden die Geschäfte wieder aufgenommen. Beim Kaufmannsstande werden neue Geschäftsbücher begonnen, welche einen Tag vor dem nächsten dewali wieder geschlossen werden.

Das Holi=Fest fällt auf das Ende des Februar oder auf den Anfang des Monats März und wird zwei Tage lang gefeiert. Es ist das Geburtstagsfest des Gottes Krishna und wird haupt=sächlich von den Männern gefeiert, während die Weiber und die Götter den leidenden Teil bilden. Diese letzteren werden auf jede Art und Weise verunehrt und gelästert. Die Männer ver=sammeln sich, um zu essen, zu trinken, zu rauchen und obscöne Lieder zu singen, denn Krishna ist, wenn nicht gerade der Gott

Siwa, Wishnu und Krishna.

der Unzucht, so doch ohne Zweifel der am unzüchtigsten darge=stellte Gott Indiens, und das will viel heißen. Darum ist an diesem Tage jede Art Unzucht nicht nur erlaubt, sondern ver=

dienstlich, und die Tänzerinnen verdienen von den frommen Brahminen viel Geld, welche ihren Tänzen begierig zuschauen. Dem Manne ist in diesen Tagen kein Weib und kein Gott heilig, und selbst die Freiheiten, welche sich der Sohn gegenüber der Mutter und der Vater gegenüber der Tochter erlaubt, kennen keine Grenzen. Es kommt in diesen Tagen über die Gesamtbevölkerung ein Geist der Unzucht, dem jung und alt blindlings gehorcht und ganz und gar sich hingibt, dabei auch die letzten Spuren der Scham verleugnend.

Am zweiten Tage werden außerhalb der Dörfer große Feuer angezündet, und die Narrheit der Leute erreicht oft einen solchen Grad, daß sie in ihrer Aufregung alles, was nicht niet- und nagelfest ist, selbst ihre Wagen und Ackergerätschaften, zerschlagen und ins Feuer werfen. Um dasselbe herum sitzen dann wieder die Männer, saufend und unzüchtige Lieder singend, und wehe dem Weibe, das sich in ihre Nähe wagt. Acht Tage lang dauert dann noch das sogenannte Staubwerfen, während in den zwei ersten Tagen ein jeder den andern mit roter Farbe begießt und mit Schmutz und Kuhmist besudelt. Die also zugerichteten Kleider werden dann gewöhnlich die folgenden acht Tage ungewaschen getragen; die Hindubevölkerung gewährt deshalb in dieser Zeit einen äußerst widerlichen und ekelerregenden Anblick. Krishna aber darf auf seine Anbeter stolz sein.

Sobald das Holi=Fest vorüber ist, beginnt die Zeit der Werbung. Sie dauert einen Monat lang und ist die einzige Zeit des Jahres, während welcher ein Vater für seinen Sohn eine Lebensgefährtin suchen darf.

Im September wird das dritte hohe Fest der Hindus, das sogenannte Daserah, welches ein allgemeines Lob= und Dankfest ist, drei Tage lang gefeiert.

Am ersten Tage wird gebadet, gegessen und getrunken. Kühe, Ochsen, Schafe und Ziegen werden mit Reis gefüttert und von Gurus gesegnet. Die Kühe werden angebetet und es wird ihnen gedankt, daß sie das Jahr hindurch Milch gegeben, auch werden sie angefleht, solches auch künftighin gnädigst nicht unterlassen zu wollen.

Der zweite Tag ist den Opfern und der Anbetung der Werk=
zeuge gewidmet. Es werden Böcke und Hühner geschlachtet, und
mit ihrem Opferblute besprengt der Schreiner, der Töpfer, der
Weber u. s. w. seine Handwerkszeuge. Der Bauer bespritzt damit
die Ackergeräte, der Fuhrmann die Deichsel des Wagens, welchen
er fährt. Hierauf werden diese Sachen angebetet und ihnen der
schuldige Dank dargebracht, da mit ihrer Hilfe der Arbeitsmann
das Jahr hindurch sein Brot verdient hat.

Der dritte Tag ist dem gemeinsamen Götzendienst gewidmet.
Alle Kasten vereinigen sich vor dem Hauptgötzen des Dorfes,
bringen ihm ihre Opfer, um hernach an allgemeinen Lustbarkeiten
sich zu ergötzen, sich gegenseitig zu besuchen und mit einander sich
zu freuen. Die Angehörigen verschiedener Kasten sehen aber ängst=
lich darauf, daß sie mit andern Kastenleuten nicht in Berührung
kommen, und vermeiden alles, was sie religiös unrein machen
könnte.

Noch ein viertes, allgemein gefeiertes Fest gibt es, das
obengenannte Pitarparb, welches etwa dem katholischen Aller=
seelentag entspricht. Wie alle Feste, wird auch dieses mit einer
allgemeinen religiösen Haus= und Körperreinigung eingeleitet.
Es findet dann zu Ehren der Toten ein großes Festessen statt,
an welchem auch die letzteren teilnehmen. In irdenen Töpfen
wird für sie Reis, Weizen, Öl, Butter u. dergl. an Pipalbäumen
aufgehängt, während an den Zweigen des indischen Feigenbau=
mes, dem vor andern Bäumen, weil er als ganz besonders heilig
angesehen wird, große Verehrung zu teil wird, allerlei bunte
Lappen aufgehängt werden, damit die Toten sich damit bekleiden
mögen. Die Priester aber sprechen Gebete, in welchen sie der
Toten gedenken.

Außer diesen von sämtlichen Kasten gefeierten Festen gibt
es noch Feierlichkeiten, welche nur bei einzelnen Religionsgenos=
senschaften sich finden. Das Hauptfest der Satnamis in Chattis=
ghar ist das

Magi puni,

das Vollmondsfest, das im Monat Mang (April) gefeiert wird.
Im Südosten des Raipurdistriktes, in ebener, fruchtbarer Gegend,

liegt Bhaudara, die Residenz Sahebdas', des Guru der Satnamis. Inmitten eines Waldes von Tamarinden und Mangobäumen, umgeben von vielen Teichen, erhebt sich weit über die niedrigen Häuser des großen Dorfes der tempelartige, mit vergoldeter Kuppel gekrönte Palast des Beherrschers der niedrigsten und schmutzigsten aller Religionsgemeinschaften Chattisghars. Zur Zeit des Vollmondes, im Monat April, versammeln sich die Satnamis aus allen Dörfern zur Guru-Verehrung in Bhaudara. Auf einem hölzernen Stuhl von ganz gewöhnlicher Form wird er aus seinem Hause herausgetragen, auf den Platz vor demselben hingestellt und dann von Unterpriestern vom Kopf bis zum Fuße mit saurer Milch übergossen. Ehrfurchtsvoll steht das Volk von ferne, und durch den für Chamar-Schönheitssinn prachtvollen Anblick ihres also gesalbten Guru begeistert, bricht es in das Jubelgeschrei aus: Jay, jay sahebdas! jay, jay satanam! d. h. „Heil dir, Sahebdas, Heil dir, wahrer Name."

Nun bringt das Volk seine Opfer, bestehend in Geld, Reis, Juwelen und allem, was gerade ein jeder bringen will, aber jede Gabe muß mit einer Kokosnuß begleitet werden, wenn sie als Opfer angenehm sein soll. Diese Kokosnüsse werden dann zerschlagen und unter das Volk verteilt. Zu den Opfern, welche dem Guru dargebracht werden, und deren Annahme von seiten des Guru als höchste Gnade und Ehre gilt, gehören Jungfrauen, welche von ihren Vätern, und junge Frauen, die von ihren Ehemännern offeriert werden. Nachdem die Opfer dargebracht und die Geschenke an den Guru abgeliefert sind, schlägt dieser das rechte Bein über das linke, während Unterpriester aus Messinggefäßen Wasser über seine Füße gießen. Dieses wird aufgefangen und als Heilstrank unter das Volk ausgeteilt. Wer dieses Wassers trinkt, hat Vergebung der Sünden erlangt und zieht im Bewußtsein wieder heimwärts, ein Jünger des herrlichsten und prächtigsten aller Gurus zu sein, und er kann es nicht begreifen, warum diesem bis auf diese Stunde ein Ehrenplatz im Durbar (d. h. bei den offiziellen Empfängen des chief commissioners) bisher verweigert worden ist.

Die Mela.

Als Ausdruck größter religiöser Festlichkeit und Freude bei den Hindus sind wohl die Melas, halb Jahrmarkt, halb Götzenfest, anzusehen. Sie finden über ganz Indien hin statt, vorzugsweise da, wo zwei größere Flüsse zusammenfließen und einen sogenannten Sangam, Ehe, Vereinigung, bilden. Das sind die Orte, wo die Knochen der Verstorbenen den Fluten übergeben werden, damit die Seelen der Abgeschiedenen nun ungestört ihre Wanderung durch die verschiedenen Tierleiber antreten und zur Vollendung kommen können. Gewöhnlich finden sich an solchen Stellen größere Götzentempel, und hier versammelt sich eine Menge Brahminenpriester, um während der Zeit der Mela die Wallfahrer zu bedienen und auszuplündern. Lange vor der Zeit des Beginnes der Mela findet man auf allen Straßen, welche zu dem bestimmten Wallfahrtsort führen, Tausende von Menschen in kleineren und größeren Scharen einherziehen. Wohlhabende Leute, welche in kleinen Ochsenkarren gemächlich die Reise vollenden, Pilger zu Fuß, müde und matt vom Wandern unter den brennenden Strahlen der indischen Sonne, nackte Fakirs auf Pferden oder Eseln, kleinere Fürsten und Rajahs auf Elefanten, Händler in allerlei Sachen, welche sie von Kamelen tragen oder von Ochsen schleppen lassen, füllen die Straßen oder lagern sich unter schattigen Bäumen an den Ufern der großen Teiche, welche die Dörfer umgeben. Da humpelt ein Mann auf hölzernen Krücken vorbei, nicht weil er seine Beine nicht gebrauchen könnte, aber er hat ein Gelübde gethan, zehn oder zwanzig Jahre lang nur auf einem Bein zu stehen und das andere nicht zu gebrauchen. Dort rutscht ein anderer auf seinen Knieen die Straße entlang. Auch ihn hindert ein Gelübde am Gebrauch seiner Glieder. Ein dritter aber mißt gar den Weg mit seinem Körper. Als er sein Haus verließ, legte er sich auf den Boden, machte mit der Hand ein Zeichen in den Staub, stand auf, ging bis zum Strich, legte sich wieder nieder, machte wieder das Zeichen neben seinem Kopf, um dorthin wieder die Füße hinzu-

setzen, und so fort den ganzen, langen, weiten Weg. Nun ist er
bis auf einige Meilen vom Ziel seiner Wallfahrt gekommen; noch
einige Tage und er hat sein Gelübde erfüllt und Mukti, Erret=
tung, Seligkeit, ist ihm gewiß. Schnelleren Laufes eilen an
diesen Elenden die schwatzenden und lachenden Scharen derer
vorüber, welche auf der Mela nur Zeitvertreib, Vergnügungen
und Lustbarkeiten suchen; daneben auch diejenigen, an deren
Hälsen die kleinen Säckchen mit den Knochen ihres nächsten An=
verwandten baumeln, ziehen leichten Herzens dahin, stehen sie
doch bald am Ende einer langen Reise und vor der Vollendung
einer mühseligen Pflicht.

Unterdessen wird es von Tag zu Tag und von Stunde zu
Stunde lebendiger an den Ufern des Sangam, am Wallfahrts=
orte. In kleineren und größeren Gruppen lagert sich die Menge
so nahe als möglich am Wasser. Nur wenige haben kleine Zelte,
um sich vor dem Sonnenbrande oder vor der rauhen Nachtluft
zu schützen. Die große Mehrzahl gruppiert sich um die Feuer,
an welchen sie ihren Reis kochen. Der Fluß aber ist voll von
sich badenden Leuten. Hoch halten sie das Wasser in ihren hohlen
Händen, um es langsam wieder in den Fluß träufeln zu lassen.
Dann waschen sie sich, umhüllen die Schultern mit einem trocke=
nen Tuch und waschen die Kleidung, welche sie nach unten ab=
streifen, um sie hernach entweder am Ufer auszubreiten, oder
auch naß wieder anzuziehen und auf dem Leibe trocknen zu lassen.

Der erste Tag der Mela ist angebrochen. Lange Reihen von
Buden, in welchen alles, was eines Hindu Herz erfreut, zum
Verkauf ausgelegt ist, ziehen die Menschenmassen an. Da flutet
eine wundersame Menge auf und ab. Stolze Brahminen und
noch stolzere Fakirs, den nackten Körper mit Asche oder Kuh=
dünger beschmiert, reichgekleidete Frauen, das Gesicht mit einem
Schleier verhüllt, und lachende schwatzende Weiber, nur mit einem
dünnen Tuche den Oberkörper leicht bedeckend; Beiraghis und
Polizeisoldaten, freche Freudenmädchen und mit Federn, Lum=
pen, Knochen und dergl. geschmückte Heilige und nackte Kinder,
— das alles drängt und stößt sich und läuft schreiend, lachend,
fluchend, heulend ohne Aufenthalt vom Morgen bis zum Abend

dahin. Dazu bildet das unaufhörliche Tamtam, die Trommel
der Hindus, das Pfeifen des Dudelsackes, das Quietschen der nicht
geölten Karussells, das Rufen der Verkäufer, das Geläute der
Götzenglocken, das Heulen der Hunde und das Geschrei der un=
zähligen Raben und Geier eine Musik, die auch ein Menschen=
kind, das nicht gerade Mozart oder Rossini heißt, zur Verzweif=
lung treiben könnte. Je und dann bricht sich eine Prozession,
angeführt von einer Musikapelle und etlichen in wildestem Fa=
natismus springenden Tänzern, einen Weg durch die Menge,
oder es laufen einige mit Blut überströmte Selbstpeiniger, den
Trischul durch die Backen gestoßen oder einige eiserne Haken im
Rücken hängend, durch die Menge, welche ihnen zujauchzt und
ihnen Heil zuruft.

Abseits von den Buden, umringt von Leuten beiderlei Ge=
schlechts und jeglichen Alters, haben die Seiltänzer und Jongleurs,
die Bärenführer und Schlangenbändiger ihre Plätze eingenom=
men, während Karussells und Schwingräder, in der Weise des
"Ferris wheel" in Chicago, Männer, Frauen und Kinder in der
Luft herumwirbeln.

Für etliche Tage lang ist nun die Mela im vollen Gange.
An den Pforten der Götzentempel, in deren Innerem der Götze
mit seinen Diamant= oder Glasaugen dasitzt, stehen, beschmiert
mit Milch, Kuhmist und Gangeslehm, und von den Frommen
verehrt, die Mahants, die Mönche, und die Brahminen. Sie
nehmen die Opfergaben in Empfang, welche bald von einem
Weibe, dem der Kindersegen fehlt, bald von einem Vater, dessen
Sohn von einer Krankheit geheilt worden, bald von einem
Menschen, der seinem Todfeind eine böse Krankheit oder den
Tod selbst wünscht, dargebracht werden. Hier entsündigen etliche
Brahminen einen Hindu, der durch Berührung eines Shudra
unrein geworden ist; dort nehmen sie wieder einen andern, wel=
cher durch gemeinschaftliches Essen mit Angehörigen anderer Kasten
die eigene Kaste verlor, wieder auf, natürlich nur gegen Zahlung
einer Summe Geldes, deren Höhe den Büßenden nur zu oft
ruiniert. Gold, Silber und Edelsteine, Seide, Leinwand, Weizen
und Reis, Ochsen und Schafe und — Jungfrauen bilden die

Ernte, welche die Priester ohne Unterlaß einheimsen. Es sind
ihrer viele, darum brauchen sie viel, und das Volk bringt viel,
willig und gerne, denn der Segen der Brahminen ist mächtig,
während sein Fluch schwer drückt, viele tausend Jahre lang.
Ohnedem ist auf der Mela der Hindu freigebig, denn er ist fröh=
lich; ist doch die Luft, welche über den Sangam streicht und die
er einatmet, sowie das Wasser, in dem er badet und das er
trinkt, und endlich auch der Boden des Wallfahrtsortes, auf den
er sich niederlegt, heilig. Wohl dem Hindu, der in dieser Luft
den letzten Atemzug thut, in diesem Wasser zu leben aufhört
oder auf dieser Erde das Auge schließt für immer. Seine
Seele zieht aufwärts und vereinigt sich, sich selbst unbewußt, mit
der Gottheit.

Die Heiligkeit des Ortes, der Zeit und des Festes schließt
aber die Wachsamkeit der Behörden nicht aus. Überall findet
man Polizei, und diese ist nicht müßig. Auch sie erntet reichlich,
und ihre Scheunen werden voll. Betrügerische Kaufleute und
Geldwechsler, Diebe, Strolche, Falschspieler sind ihre Leute, und
wo gar einem Weibe Nase oder Brust abgebissen oder einem
Manne die Ohren zersetzt oder der Schädel eingeschlagen werden,
da sind die Diener der Hermandad gleich zur Stelle und bringen
die Verüber solcher Scheußlichkeiten (für die Hindu sind's frei=
lich Kleinigkeiten) in Nummer Sicher, damit sie, abgeurteilt vom
hohen Gerichte, im Zuchthause sich über die fremden Herren
ärgern können, welche dem Hindu nicht erlauben wollen, nach
seiner Manier zu leben.

Wohl selten wird in unsern Tagen eine größere Mela abge=
halten, die nicht von einem Missionar und seinen Katechisten be=
sucht würde. In dem gewaltigen Lärm verklingt freilich seine
Stimme fast ungehört. Einige wenige nur drängen sich um seine
Person und lauschen seinen Worten. Die Traktate, Bücher und
Bibeln, die er und seine Katechisten verkaufen und verschenken,
werden aber doch heimgetragen und bilden oft den Samen, aus
welchem für das Reich Gottes unerwartet die herrlichste Frucht
reift. Wenn der Abend herbeigekommen und die Nacht sich her=
abgesenkt hat über den Fluß und die tosende Menge, wenn's still

geworden und Hunderte und Tausende von kleinen Feuern die
Stätten bezeichnen, wo Familien und Gesellschaften oder einsame
Leute der Ruhe pflegen, dann schlüpft noch der eine oder der
andere ins Zelt zum Missionar und verlangt nähere Auskunft
über den Muktidata, Erlöser, von welchem der Missionar ge=
redet und gesagt hat, daß wer an ihn glaube, Vergebung der
Sünden habe und auferweckt werden solle zum ewigen Leben.

So geht das Fest seinen Gang bis zur letzten Stunde, wo
nach wiederholtem Baden und Sichwaschen die Menge sich wieder
langsam verläuft. Die Buden sind abgebrochen und die Zelte
der Reisenden verschwunden. Totenstille brütet über den Ufern
des einsam dahinschleichenden Flusses. Nur in den Tempeln und
Klöstern regt es sich noch. Die Brahminen und Priester teilen
die Beute, und flußabwärts streiten sich die Geier und die Scha=
kale um den Leichnam eines Festbesuchers, auf dessen Heimkehr
die Seinigen umsonst warten.

Führen uns die religiösen Feste der Hindus Lichtpunkte des
Heidentums von freilich sehr zweifelhafter Helle vor Augen, so
stehen wir bei dem Kapitel

Zauberei und Hexerei

der tiefsten Nachtseite des Heidentums gegenüber. Die Zauberei
und Hexerei hat sich in Indien so sehr in alle Lebensverhältnisse
der Hindus eingedrängt und dieselben so vergiftet und durch=
seucht, daß man nicht umhin kann, bei einer Schilderung In=
diens und seiner Verhältnisse von dieser Sache Notiz zu neh=
men. Man müßte aber selbst Zauberer oder Hexenmeister, oder
wenigstens in die Mysterien dieser schwarzen Kunst eingeweiht
sein, wenn man über das Wesen derselben, über das Wie und
Warum und Wieso schreiben wollte. In diesen Blättern wol=
len wir nur etliche genügend verbürgte Thatsachen in Bezug auf
Zauberei und Hexerei anführen.

Während man in Italien und wohl auch anderswo zu
Banditti oder Giftmischern Zuflucht nimmt, wenn man eine
mißliebige Person für immer verschwinden lassen will, wendet
man sich in Indien in solchem Falle an einen Zauberer, welcher
für eine größere oder kleinere Summe Geldes sich bereit finden
läßt, die ihm bezeichnete Person sterben zu lassen. Zu diesem
Zwecke zündet er ein Licht an und murmelt, unter Nennung des
Namens des Versemten, sowie des Namens seines Götzen
einige unverständliche Formeln. Hernach bestimmt er den Todes-
tag genau und teilt ihn dem Bittsteller mit, welcher nun entweder Stillschweigen beobachten oder den Sterbetag des Todeskan-
didaten im Dorfe offenkundig machen darf. Am Tage vor dem
festgesetzten Todestage erscheint der Anstifter des Verbrechens
wieder vor dem Zauberer und überbringt demselben nebst einer
Zitrone einige Kokosnüsse zum Opfer. Letztere werden vom
Zauberer zerschlagen und von ihm dem Götzen geopfert, die Zitrone aber zerschneidet er in zwei Hälften, deren Schnittflächen
er mit Zinnober, Gangeslehm und Kuhmist bestreicht. Während
er eine dieser Hälften behält, übergibt er die andere dem Feinde
des Verurteilten mit der Weisung, diese halbe Zitrone in der
kommenden Nacht leise auf die Thürschwelle desselben zu legen,
so daß er sie bei seinem Austritt aus dem Hause bemerken muß.
Dies geschieht, die Person findet die Zitrone und unfehlbar und
unrettbar stirbt sie auch im Laufe dieses Tages. Die von Ärz-
ten bisher vorgenommenen Postmortem-Untersuchungen haben
bisher kein sicheres Resultat in Bezug auf die Todesursache ergeben. Es scheint, daß ein typhöser, mit Krämpfen begleiteter
Zustand den Tod herbeiführt. Das möchte auf Gift schließen lassen, aber dasselbe hat in den Leichen noch nie nachgewiesen werden können.

Unter den Christen Bisrampurs ist bisher erst ein einziger
Fall dieser Zauberei vorgekommen und von Erfolg begleitet gewesen. Eine Dienerin, Namens Karuna, hatte zwei Knaben, von
welchen der jüngere, Ephraim, ein sehr aufgewecktes Kind war.
Ein Schwager der Karuna, welcher noch Heide war, wollte dieselbe gerne heiraten, sah aber in diesem Kinde ein Hindernis. —

Eines Morgens fand Karuna auf der Hausschwelle die vom Zau=
berer zubereitete halbe Zitrone und brachte dieselbe sogleich ins
Missionshaus, wie solches in ähnlichem Falle gewöhnlich von sei=
ten der Leute aus den umliegenden Dörfern zu geschehen pflegt.
Im Laufe des Tages aber starb Ephraim unter den in die=
sem Falle sich immer gleichbleibenden Symptomen. Dieser Fall
ist um so merkwürdiger, als Zauberer und Hexenfrauen aus ver=
schiedenen Gegenden vor dem Richter mehrmals behauptet haben,
daß, obschon ihre Zauberkraft groß sei, sie dennoch nichts gegen
Christen vermöchten. Einer der christlichen Richter teilte mir mit,
daß er zu verschiedenen Malen vor ihn gebrachten Zauberern, die
sich ihrer großen Macht rühmten, Straflosigkeit und ein Geschenk
an Geld angeboten habe, wenn sie an ihm ihre Macht ausüben
würden. Aber ihre Aussagen lauteten fast wörtlich übereinstim=
mend: Tumhara deota ka paw hamare deota ka muh par hai=
„der Fuß deines Gottes ruht auf dem Kopfe meines Gottes."
Eine zweite Art der Zauberei ist bei den Heiden sehr gefürch=
tet: das Herbeihexen der Cholera oder der Blattern, eine Hexerei,
welche vornehmlich von Frauen ausgeübt wird. Zur Zeit, wenn
die Cholera oder die Blattern in irgend einer Gegend vorhanden
sind, wird in einem nicht infizierten Dorfe bekannt gemacht, daß
eine Hexe der Göttin Dhuki zwanzig, vierzig oder sechzig Men=
schen gelobt habe. Die ganze Dorfbevölkerung hat nun große
Angst, welche auf ganz natürlichem Wege die Leute zur Cholera
prädisponiert. Die Hexe begibt sich nun heimlicher Weise in ein
ruhiges Dorf und bei ihrer Zurückkunft bricht die Cholera aus.
Doch dies ist nichts Außergewöhnliches, denn durch beschmutzte
und infizierte Wäsche, welche in den Dorfteich, woraus alle Leute
ihren Bedarf an Wasser holen müssen, geworfen wird, läßt sich
diese Seuche nur zu leicht auf Gesunde übertragen, und das um
so eher, als die Bevölkerung, wie bemerkt, schon durch Furcht
und Angst dafür vorbereitet ist. Merkwürdig an der Sache ist
aber das, daß jedesmal die vorher bestimmte Anzahl von Perso=
nen der Seuche zum Opfer fällt. Als im Jahr 1891 die Cholera
in Chattisghar wütete, gelobte eine Hexe aus Karhul, einem nicht
weit von Bisrampur gelegenen Dorfe, der Göttin Dhuki achtzig

7

Personen. Kurz nachher brach die Cholera aus, und obschon
Missionar Lohr und sein Sohn alles aufboten, um die Krankheit
zu bekämpfen, und in der That auch vielen Rettung brachten, so
erlosch die Seuche doch erst, als achtzig Personen gestorben waren.
Sollte da das zurückgekehrte Zutrauen—denn alle sind felsenfest
davon überzeugt, daß auch nicht eine Person mehr als die ange=
gebene Zahl gefordert würde—in Verbindung mit dem Erlöschen
der Krankheit stehen, wie die vorhandene Angst mit ihrem Aus=
brechen? Thatsache ist, daß in allen Dörfern, in welchen Hexen
vermutet werden, zur Cholerazeit zehn Mann fortwährend Wache
halten und zur Nachtzeit kein Weib, wer sie auch sei, aus dem
Dorfe hinaus oder in dasselbe herein lassen.

Alle Zauberei und Hexerei, unter welcher Form sie auch ge=
trieben werden mag, ist Lüge und Täuscherei, wenn man auch in
vielen Fällen den Betrug nachzuweisen außer stande ist. Durch=
sichtiger wird die Sache schon in den Fällen, wo Zauberei zur
Heilung von Krankheiten angewendet wird. Dies geschieht z. B.
immer beim Spleen — geschwollener, mit Blut gefüllter Milz.
Der Kranke, der in diesem Falle nie den Arzt, sondern immer den
Zauberer ruft, erhält von letzterem eine Medizin, deren Zusam=
mensetzung Geheimnis ist. Er nimmt diese Medizin eine be=
stimmte Reihe von Tagen regelmäßig ein. Ist dies geschehen,
so erscheint am Abend des für den Zauberakt ausersehenen Ta=
ges der Zauberer, entkleidet die kranke Person und legt sie auf
einen mit Kuhdünger frisch bestrichenen Platz auf den Boden.
Jetzt zündet er eine Anzahl Lichter an, welche um den Patienten
herum auf den Boden gestellt werden, während der Zauberer
unter Hermurmeln gewisser Formeln den Leib des Kranken bear=
beitet. Unter viel Ächzen und Stöhnen und vielem Schweiße
treibt er seine Sache fort, bis er endlich ruft: „Es kommt, es
kommt, ich hab' es! oh wie groß ist der Zauber! oh wie stark
die Macht des Lichtes!" Plötzlich ruft er jay! jay! satanam jay!
jay! „Heil oder Sieg dem wahren Namen!" und in der Hand
hält er einen unförmlichen, mit Katzenhaar vermischten blutigen
Knäuel Fleisch, denai genannt, von welchem er behauptet, er sei in
den Leib des Kranken hineingehext, durch seinen großen Zauber

aber wieder durch den Nabel ausgefahren. Nun geschieht es oft, daß der Zauberer den Patienten als noch nicht geheilt erklärt, weil noch andere zwei oder drei solcher denai in seinem Leibe sich befänden, was gewöhnlich bei solchen Leuten der Fall ist, welche imstande sind, für eine recht lange dauernde Zauberei gut zu bezahlen. Die Zauberei beginnt also von neuem, bis endlich alle denai aus dem Leibe des Patienten entfernt sind. Uner= klärlich bleibt an der ganzen Sache bloß das Resultat. Mag der Patient vor dem Zauberakte noch so sehr gelitten haben, mag seine Milz noch so geschwollen gewesen sein: er steht gesund auf, die Geschwulst ist und bleibt verschwunden, und mit dem Zaube= rer ruft der Genesene: jay satanam, jay Ram.

Eines der sonderbarsten, aber nicht gerade unerklärlichsten Fälle von Hexerei, welcher vor einigen Jahren viel Staub auf= gewirbelt und mehrere Dörfer im Raipur=Distrikt in Aufregung versetzt hat, mag in folgendem Erwähnung gethan werden.

In der Nähe von Areng, einem großen Dorfe südlich von Raipur, nicht weit vom Mahanadi gelegen, wohnte ein junges Ehepaar bei den Eltern der Frau. Als jedoch Mißhelligkeiten im Hause ausbrachen, bewog Tularam — dies der Name des Mannes — sein junges Weib, mit ihm einen eigenen Hausstand zu gründen. Sie bezogen ein kleines Häuschen in Areng und richteten sich dort ein. Als jedoch der Mann von der Arbeit heimkehrte, um zum erstenmal in seiner neuen Wohnung zum Essen sich niederzusetzen, fand sich auf dem Reis, welchen sein Weib bereitet hatte, ein Häufchen Unrat, wie von einer Katze herrührend. Voll Zorn sprang Tularam auf und prügelte sein Weib in der Meinung, daß solch ungeheuerliche Verunreinigung seines Essens nur der Unachtsamkeit seines Weibes zuzuschreiben sei. Aber sonderbarer Weise wiederholte sich das Gleiche Tag für Tag, obschon das Weib alle nur möglichen Vorsichtsmaßregeln gebrauchte. Jetzt hieß es, es sei Hexerei zu dem Zwecke im Spiel, um dem jungen Paare das Leben außerhalb des schwiegerelter= lichen Hauses zur Unmöglichkeit zu machen. Sie zogen deshalb auch wieder ins Haus der Eltern der Frau, wo diese kochen konnte, ohne daß je die Speisen verunreinigt worden wären.

Eines Tages kam Tularam mit Bisnath, einem Christen von
Ganeshpur, zusammen, welch letzterer ihm riet, mit ihm in sein
Dorf zu kommen, da dort Hexerei keinen Einfluß ausüben könne.
Tularam ließ sich überreden und zog nach Ganeshpur, einem in=
mitten der Ländereien von Bisrampur gelegenen Dorfe, und
arbeitete zuerst als Knecht bei Bisnath, in dessen Hause Tularams
Weib kochte, ohne daß ihr irgend ein Mißgeschick dabei wider=
fuhr. Sobald aber Tularam ein eigenes Häuschen bezog, fing
die alte Sache von neuem an. Auf jedem Essen, welches sein
Weib kochte, fand sich der gleiche greuliche Unrat. Jetzt nahm
sich Missionar Lohr der Sache an. Er überwies ihnen, zur bes=
seren Überwachung des Paares, ein Häuschen in Bisrampur.
Man stellte Wachen an, welche die Frau während des Kochens
und den Reis während seiner Abkühlung zu überwachen hatten,
aber es half nichts. Immer geschah das Gleiche. Zuletzt über=
nahmen die Missionare selbst die Wache. Vor ihren Augen ward
der Reis gekocht in den Topf gethan, vor ihren Augen band das
Weib den Topf mit einem vorher inspizierten Tuche fest zu, vor
ihren Augen ward der Knoten geschürzt; sobald man aber den
Topf öffnete, welchen die Missionare nicht aus den Augen verlo=
ren, fand sich in der Mitte des Reises der Unrat vor, mit seinem
Geruch das ganze Haus verpestend. Betrübt zog das Paar wie=
der von dannen, denn auch in Bisrampur hatte es keine Hilfe
erlangt. Kurze Zeit nachher verschwand das Weib für immer.
Sie ist wahrscheinlich von ihren Anverwandten als Hexe getötet
worden, obschon sie selbst an ihrem Mißgeschick keine Schuld trug.
Der Vorgang der ganzen Geschichte ist damals den Missionaren
dunkel geblieben. Und doch läßt sich das Ganze leicht erklären,
wenn auch in der Erklärung selbst nicht alle Punkte gleich ver=
ständlich sind. Hätten die Missionare den Reis vor sich hinge=
schüttet und mit dem Tischgebet: „Komm, Herr Jesu, sei du unser
Gast und segne, was du uns bescheret hast!" zu essen angefan=
gen, so wäre wohl der ganze Betrug auf der Stelle offenbar ge=
worden. Es lag hier offenbar ein Zauberstückchen vor, wie sie
von den Goseins, einer Unterabteilung der Beiraghis, von wel=
chen nachher die Rede sein wird, überall und zu jeder Zeit aus=

geführt werden. Wir wollen deshalb hier noch einige dieser
Kunststücke erzählen, denn sie fallen alle samt und sonders unter
die Kategorie der Sinnentäuschung.

Die Goseins, d. h. die Schlangenbändiger, Geisterbeschwörer
und Zauberer, ziehen in Indien von Dorf zu Dorf, von Stadt
zu Stadt, um die Leute mit ihrer Kunst zu unterhalten und Geld
damit zu verdienen. Die Kunststücke, welche sie zum besten geben,
sind überraschend, und das um so mehr, als sie mit keinem be=
sonders zubereiteten Apparat arbeiten. Zu den Leistungen, welche
besonders verblüffend auf den Zuschauer wirken, gehören fol=
gende.

Der Zauberer läßt eine beliebige Person unter den Zuschauern
eine Hand voll Erde aufheben und die Hand schließen. Er gibt
ein Zeichen, die Hand öffnet sich und anstatt Erde erblicken alle
Anwesenden wohlgeformten Reis. Nochmals befiehlt der Gosein
die Schließung und nachherige Öffnung der Hand, und nun ist
aus dem Reis Kohlenstaub geworden, welcher die Hand schwarz
färbt. Das Experiment kann beliebig oft wiederholt werden,
jedesmal zeigt sich in der Hand ein neuer Gegenstand, bis zum
Schlusse die anfängliche Erde sich wieder zeigt. Obiges Kunststück
ist von einem Gosein mit Missionar J. Lohr ausgeführt worden,
in dessen Hand sich Erde in Reis, Reis in Kohlenstaub und die=
ser wieder in Erde verwandelte.

Vor den Augen der Zuschauer steckt der Zauberer einen
Mangokern in die Erde, oder läßt dies durch einen Zuschauer
thun. Ein Tuch wird über die Stelle gebreitet, während etliche
Musikanten ihre Pfeifen und das tam tam bearbeiten. Nach
etlichen Sekunden hebt der Künstler das Tuch ab und man sieht,
wie aus dem Kerne sich ein Keim entwickelt hat. Bald ist die=
ser Keim in die Höhe geschossen und etliche jugendfrische Mango=
blätter haben sich angesetzt. Das Tuch wird wieder darüber ge=
breitet, man sieht, wie es sich langsam hebt, und wenn es wieder
weggenommen ist, steht ein zierliches Mangobäumchen mit Blü=
ten und Früchten da, welche noch am Bäumchen zeitigen. Es
wird dieses Kunststück sehr oft und zu jeder Zeit, auch wenn die
Mangos kahl stehen, ausgeführt.

Unter den vielen Beweisen der indischen Zauberkunst wollen
wir noch zwei auswählen, bei welchen sogar Menschen spurlos
verschwinden. Es wird ein Korb gebracht, groß genug, um einen
etwa 12jährigen Jungen, der mit Stricken krumm gebunden wird,
aufnehmen zu können. Dieser Korb steht auf der Erde inmitten
der Zuschauer, welche einen Kreis um ihn her bilden. Jetzt wird
der Korb mit einem Tuche bedeckt. Es wird lebendig unter dem=
selben, der Knabe löst die Stricke, mit welchen er umwunden
war, auf und wirft dieselben, in einen Knäuel gewunden, unter
dem Tuche aus dem Korb heraus. Nun ist's stille geworden,
das Tuch bewegt sich nicht mehr, es wird weggezogen, und der
Korb ist leer, der Knabe, den man hineingezwängt hatte, ist ver=
schwunden, oder steht ganz gemütlich unter den Zuschauern, wie
ich es selbst einmal sah, und lacht die Leute aus.

Merkwürdiger ist noch das andere Stück. Ein junger Mann
steht da und wirft ein Seil in die Luft, so daß dasselbe, wie
wenn es oben festgemacht worden wäre, herabhängt. Jetzt klet=
tert der junge Mann am Seil in die Höhe und verschwindet
oben, wie das obere Ende des Seiles selbst. Umsonst befiehlt
ihm sein Vater herunterzukommen, nur höhnische Rufe kommen
von oben herab. Jetzt klettert der Vater am Seil empor und
verschwindet ebenfalls den Augen der Zuschauer. Man sieht nur
noch den Strick herabhängen, dagegen hört man Schelten und
Rufen, ein Ringen und Kämpfen in der Luft. Plötzlich saust's
von oben herab, ein abgehauener Arm, ein blutendes, zuckendes
Bein fällt zur Erde, andere Körperteile folgen und liegen herum,
bis es endlich oben in der Luft stille geworden ist. Jetzt sieht
man den Alten, wie er am Seil wieder abwärts klettert, unten
die zertrennten Körperteile sammelt und zusammensetzt, bis plötz=
lich der erste Kletterer wieder munter und gesund vor den Augen
der verdutzten Zuschauer steht, und zwar mit so gleichgültiger
Miene, als wäre ihm gar nichts passiert, was ja auch in Wirk=
lichkeit der Fall ist.

Viele Jahre lang haben die Europäer umsonst sich abgemüht,
eine Erklärung für diese wundersamen Vorgänge zu finden, aber
umsonst. Erst vor einigen Jahren ist es zwei Engländern gelun=

gen, Licht in die Sache zu bringen. Geleitet von dem Gedan=
ken, daß hier eine Sinnentäuschung vorliegen müsse, versuchten
sie photographische Aufnahmen herzustellen, und siehe da, sie hat=
ten sich nicht geirrt. Die photographische Platte zeigte wohl die
Zuschauer, die Gaukler, das Tuch, aber keinen Mangobaum und
keine blutigen Körperteile etc. Der zu Reis gewordene Staub
blieb Staub im Negativ der Platte, wie auch alle andern vor=
handenen Dinge blieben, was sie waren. Die in der Zauberei
entwickelten Kräfte sind also unvermögend, etwas Wirkliches,
Seiendes zu schaffen, aber sie sind imstande, die Sinne der Zu=
schauer so zu beherrschen, daß die Ohren aller ein und denselben
Ton hören, die Augen aller ein und dasselbe Ding sehen, die
Hände aller etwas betasten, was nicht vorhanden ist, und die
Nasen einen Geruch empfinden, welcher auch nur vorgegaukelt
ist. Was nun aber die Kraft ist, mit welcher die Goseins unsere
Sinne so total in ihre Gewalt zu bringen imstande sind, ob
Magnetismus, Hypnotismus oder wie die Ismen alle heißen, ist
mir unbekannt. Gewiß ist nur das, daß die Zauberei auf Lüge
und Täuschung beruht. Das ist gewiß auch der Fall gewesen
bei Tularams Reis. Eine photographische Aufnahme hätte den
Unrat nicht gezeigt. Selbst das Sterben derer, welche die vom
Zauberer zubereitete Zitrone finden, läßt sich auf diese Weise er=
klären. Letzterer übt jedenfalls während einer gewissen Anzahl
von Tagen einen unheilvollen seelischen Einfluß auf sein Opfer
aus — er braucht dazu in jedem Fall eine gewisse Zeit, denn
nie tötet er plötzlich — und diesen Einfluß steigert er am letzten
Tage derart, daß sein zum Medium gewordenes Opfer in Krämpfe
fällt, welche es töten. Schein sind auch bei der Heilung von
Leuten, welche am Spleen leiden, die denai; die Medizin wird
sich dort wohl als das Mittel der Heilung erweisen, verbunden
mit einer uns unbekannten örtlichen Behandlung.

Innig mit der Zauberei und Hexerei verknüpft ist das

Gespenster- und Geisterwesen,

welches das Leben der Hindus in unsäglicher Weise verbittert. Alle Verstorbenen, welche während ihres Lebens nicht „Guru ge= macht" haben, oder welche auf andere Weise zu den Verlorenen gerechnet werden, werden nach der Meinung der Hindus nach dem Tode Gespenster, welche auf alle Art und Weise die Über= lebenden quälen.

In einem Wäldchen bei Ardjundahah schlugen wir einst unsere Zelte unweit eines frischen Grabes, in welchem ein Weib lag, auf. In der ersten Nacht erwachten wir von einem fürchter= lichen Geschrei, welches Kuni, der Wasserträger, ausstieß. Wir fanden ihn, halbtot vor Angst, unter der Zeltwand durchgezogen, den Kopf noch im Zelte, die Füße, dem Grabe zugekehrt, außer= halb der Zeltwand, auf der Erde liegend und laut jammernd. Er erzählte uns, daß die vergrabene Frau ein Gespenst sei, wel= ches in Gestalt zweier Hunde aus dem Grabe gekommen wäre und ihn aus dem Zelte geschleppt hätte. Wir lachten ihn aus und sagten ihm, daß er infolge seiner Angst vor Gespenstern nur Alpdrücken gehabt hätte. Aber in der zweiten und dritten Nacht geschah ganz das nämliche, bis ich den armen Kerl in meiner Tanga (Schienwagen) schlafen ließ, wo er Ruhe hatte.

Ein anderer Wasserträger, der in einer Nacht am Teiche Wasser holen wollte, schrie plötzlich mit aller Macht um Hilfe. Wir liefen hin und fanden den Mann am Ufer stehen und mit Händen und Füßen gegen unsichtbare Feinde sich verteidigen. Er behauptete, Geister hätten ihn angepackt und hätten ihn im Wasser ersäufen wollen. Dieser Mann hatte kein Alpdrücken, er hatte vielmehr etwas über den Durst getrunken und befand sich in einem Zustande, in welchem sonst die Hindus — und andere Leute auch — lauter Helden sind.

Großen Aufruhr gab es einst in Ganeshpur. Dort befand sich und befindet sich noch ein großer Baum, unter welchem in früheren Zeiten die Dorfgötzen standen. Nun geschah es, daß

Nacht für Nacht von diefem Baume her Gefpenfter kamen, die
Matten von den Häufern, die Kinder aus den Betten riffen und
allerlei andern Unfug trieben. Das ganze Dorf war in Auf=
regung. Miffionar Lohr, in der Meinung, daß man es hier
wohl mit Affen zu thun habe, welche allnächtlich von diefem
Baume herkämen, ließ Gewehrfchüffe abfeuern, um diefe Tiere,
von welchen freilich keines bei Tage gefehen werden konnte, zu
erfchrecken. Es half nichts; noch einige Zeit lang dauerte die
Sache fort, hörte aber auf, als der Miffionar nach Ganeshpur
kam und mit den Leuten betete.

Ernfter aber wurde die Sache, als in Bisrampur die Stief=
fchwefter von Anjori (früherer Name des Katechiften Paulus)
ftarb und unweit des Kirchhofes beerdigt wurde. Sie war von
einem tollen Hunde gebiffen worden und hatte fich, da fie Heidin
war, nicht an einen Arzt, fondern an einen Zauberer gewendet.
Trotzdem diefer ihr als großen Zauber „Miftkäfer" zu effen ge=
geben hatte, ftarb fie dennoch an der Tollwut. Nun kam fie
allnächtlich von der Friedhofsecke her, von vielen gefehen und
erkannt, ging in die Häufer ihrer Verwandten, riß diefelben aus
den Betten und mißhandelte fie auf mannigfache Art und Weife.
Selbft Katechift Paulus wurde von ihr nicht verfchont und be=
hauptete, daß er mit all feiner Kraft ihr gegenüber ganz macht=
los fei. Auch hier war die Aufregung groß. Affen waren hier
gewiß keine im Spiel, denn alle erkannten Anjoris Schwefter,
und alle hatten es mit ein und demfelben Wefen zu thun. Auch
hier unterblieb der Spuk, als der Miffionar mit den Leuten betete.

Diefe angeführten Fälle find nun bloß einzelne aus Taufen=
den. Der Hindu lebt fortwährend in Gefpenfter= und Geifter=
furcht und hat thatfächlich von diefem Spuke unendlich viel zu
leiden. Wie nun? Können wir annehmen, daß die Seelen der
Abgefchiedenen, welche während ihres Leibeslebens ihre Ver=
wandten liebten und ihnen Gutes thaten, nach dem Tode diefel=
ben zu quälen trachten? Sind's bloße Hallucinationen*), welchen
die Leute unterworfen find, eine von Jugend auf den Heiden
eingepfropfte Gefpenfterfurcht, welche ihre Phantafie in der Weife

*) Wahnvorftellungen, Sinnestäufchungen.

erregt, daß sie zu sehen vermeinen, was in Wirklichkeit nicht vor=
handen ist? Das ist die Auslegung, wie sie bei uns gang und
gäbe ist, aber sie ist falsch. Auch die regste Phantasie kann
keinen Schlafenden aus einem Zelte ziehen, kann keine Matten
von den Häusern, keine Kinder aus den Betten werfen, und es
sind keine bloßen Hirngespinste oder Phantome, welche körper=
lich mit Menschen ringen und ihnen Beulen schlagen. Für den
Christen ist's ja gewiß, daß wir mit bösen Geistern zu kämpfen
haben, und daß ihre Gewalt und Satans Macht über die Heiden
ganz besonders groß ist, aber Geister haben nicht Fleisch und
Bein. Satan kann kein dürres Blatt von einem Ort zum andern
heben, kann kein Bäumlein wachsen, kann kein Wölkchen durch
die Lüfte segeln lassen. Seine Macht ist eine geistige Macht, die
er an Menschen ausübt, die sich ihm hingegeben. Physische Kraft
kann er keiner Seele, keinem Geiste mitteilen, aber Menschen,
die seine Knechte, oder vielmehr seine Engel, Gesandte geworden,
kann er treiben, andere Menschen mit Fäusten zu schlagen.
Warum sollten nun die Goseins, die Gyans und Gunyas, die
Zauberer und Hexenmeister, welche andern am helllichten Tage
Dinge vorgaukeln können, welche in Wirklichkeit gar nicht vor=
handen sind und die man doch sehen, hören, fühlen, riechen und
greifen kann, warum sollten sie nicht auch Geister und Gespenster
vorgaukeln können, welche mit a l l e n Sinnen wahrgenommen
werden? Ich für meine Person bin der festen Überzeugung, daß
es die Zauberer, diese Propheten der Lüge, diese Knechte des
Satans sind, welche durch eine Kraft, die ich nicht kenne, und
zwar immer durch ein und dieselbe Kraft, alle diese Werke der
Lüge, des Irrtums, des bloßen Scheines wirken und überall
Elend schaffen. Wunderwerke in der Kraft Christi gewirkt, tra=
gen alle einen andern Charakter an sich: dies sind Werke des
Lebens, nicht Täuschungen, sondern reelles Sein. Aus der
Wahrheit kommt Wahrheit, und darum bestehen die Werke der
Finsternis nicht vor der Macht christgläubigen Gebetes, und die=
jenigen, welche aus der Macht der Finsternis und der Nacht des
Heidentums errettet, sind durch die Wahrheit des Evangeliums
auch von Geister= und Gespensterfurcht befreit.

Zu dem Aberglauben der Hindus gehört auch die Ansicht, daß jeder, der von einem wilden Tiere getötet worden, als Gespenst jahrelang dieses Tier reite oder vor ihm hergehe, dasselbe beschütze und vor jeder Gefahr warne. Als Karl Lohr vom Tiger am Ufer des Sionath geschlagen ward und starb, behaupteten die Heiden, daß dieser Tiger nun unverletzlich geworden sei, indem der bara Saheb, d. h. der große Herr (im Unterschied von seinem Bruder Julius, welcher „der kleine Herr" heißt), sein Beschützer geworden sei. Umsonst erwies sich nun auch alles Vergiften getöteten Viehes, um den Tiger auf diese Weise umzubringen. Scharen von Schakalen und Geiern lagen am Gift verendet umher, aber der Tiger schlug Tag für Tag weidendes Vieh in der Umgegend, er selbst aber fraß nicht vom vergifteten Fleische. Umsonst waren auch die großen Treibjagden, welche mit Elefanten und Büffeln angestellt wurden. Von weit her kamen viele und erprobte Jäger, um ihr Glück zu versuchen, aber vergebens. Der Tiger blieb unsichtbar, obschon er genug Spuren seiner Anwesenheit hinterließ. Zuletzt kam er jede Nacht zwischen dem Wohnhause und der Kirche in Bisrampur vorbei, gegen den Kirchhof zu, wo man an Karls Grab des Morgens seine Spuren sah. Einige Tage vor meiner Abreise nach Europa machte auch ich mich auf, um mit J. Lohr das Tier womöglich beim Passieren des Hauses zu erlegen. Aber als es noch etwa 50 Schritt vom Hause entfernt war, wurde es von einem Nachtwächter mit einem Feuerbrande verscheucht. In der nächsten Nacht aber kam das Tier nicht den gewohnten Weg, wir hörten deutlich den Shikari hinter der Kirche rufen. Unter dem Namen Shikari versteht man ein Tier, welches den Tiger bei Nacht immer begleitet, ähnlich wie die Delphine den Haifisch umschwärmen. Von Zeit zu Zeit stößt es einen durchdringenden, unendlich wehmütigen Ton aus. Was für ein Tier es ist, habe ich nicht in Erfahrung bringen können, da ich niemanden fand, der das Tier je gesehen hätte. Viele behaupten, es sei ein Schakal, andere, es sei ein Vogel, und manche, es sei die abgeschiedene Seele eines vom Tiger Getöteten. Im Jahre 1892 ist es nun endlich dem deputy commissioner von Raipur gelungen, den Tiger einundeinehalbe Meile vom Missionshaus entfernt zu töten, fünf Jahre nach Karls Tode. Der Aberglaube der Hindus aber hat wieder aufs neue Nahrung empfangen.

Religiöse Orden.

Obschon das soziale wie politische Leben der Hindus durch Kastenregeln und Kastengesetze so sehr bis ins einzelnste hinein geregelt wird, daß eine Einwirkung auf dasselbe durch einen andern Faktor fast ausgeschlossen zu sein scheint, so stehen doch sämtliche Kasten unter dem Einflusse mächtiger religiöser Orden, welche in mancher Beziehung an die altchristlichen Mönchsorden erinnern.

Den geringsten Einfluß auf die Bevölkerung im allgemeinen üben die Beiraghi aus, welche eine Art Bindeglied zwischen Kasten- und Ordenswesen darstellen. Sie sind im großen und ganzen Abkömmlinge von Brahminen, während ihre Mütter aus niederen Kasten stammen; sie sind deshalb keine vollen Brahminen und tragen nur eine drei- und nicht siebenfache heilige Schnur. Von einer Kaste unterscheiden sie sich dadurch, daß sie Angehörige anderer Kasten aufnehmen; von andern religiösen Orden dadurch, daß viele durch Geburt Beiraghis sind. Eben deshalb bilden sie keine Kaste, sondern eine „Mat," d. h. einen religiösen Orden, und stehen unter einem gemeinsamen, gewählten Guru, welcher seinen Sitz in Benares hat. Sie leben vom Bettel, doch so, daß das Erbettelte persönliches Eigentum und nicht Eigentum des Ordens ist. Sie werden oft ansässig, heiraten und verwalten auch zeitliche Güter. Sie sind Anbeter des Mahadeo, legen aber keinen Wert auf die Vedas, die heiligen Schriften der Hindus. Schulen unterhalten sie keine und verachten Gelehrsamkeit. Dagegen suchen sie durch gute Werke die Götter sich geneigt zu machen und hoffen in Anerkennung ihrer guten Werke (zu welchen sie auch den Bettel rechnen) einst bei der Seelenwanderung volle Brahminen zu werden.

Obschon die Beiraghi selbst Jünger machen, d. h. Gurus anderer Leute werden, so üben sie doch um ihrer Unwissenheit und des Mangels an einer festen, bestimmten Lehre willen nur wenig Einfluß auf die Menge aus. Nicht einmal der Fluch eines Beiraghi ist gefürchtet und ihr Segen darum auch nicht begehrt. Aus Auszeichnung tragen sie gelbrötliche Kleider.

Zu diesen Beiraghi gehören die Gosein, die Geisterbeschwörer, Schlangenbändiger und Zauberer, von welchen vorhin die Rede war. Auch diese tragen die dreifache Schnur und die Kleider wie die Beiraghi.

Ein richtiger religiöser Orden, in welchen niemand hineingeboren werden kann, in dem aber Angehörige aller Kasten Aufnahme finden, ist der Orden der

Sanyassi.

Eigentümlich sind die Art und Weise, in welcher die Aufnahme in den Orden geschieht, und die Bedingungen, welche der Applikant zu erfüllen hat, ehe er um Aufnahme nachsuchen kann. Er muß nämlich die vier großen Wallfahrten der Hindus ausgeführt haben. Zuerst geht es nach dem äußersten Süden der großen vorderindischen Halbinsel, wo sich der Wallfahrtsort Kanya Kuwari (beide Worte bedeuten Jungfrau) befindet. Es ist dies eine lange, mühselige Reise zu Fuß, oft auf ungebahnten Wegen, durch Wüsten und Wälder, in Gefahr bei Tag und bei Nacht, bei Hunger und Durst, denn der Wallfahrer lebt auf der Reise vom Bettel, was die Wallfahrt erst zu einem dharm karm, zu einem verdienstlichen Werke, macht. In Kanya Kuwari wird dem Pilger der Götzentempel mit glühendem Eisen auf den Arm gebrannt, und als Zeichen vollbrachter Wallfahrt werden ihm „drei Stöcke" gegeben. Jetzt richtet der Wallfahrer sein Angesicht nach Norden. Er wallfahrtet nach Dewarka in Sind. Jahrelang ist er unterwegs, oft krank, elend und verlassen von allen, nicht

selten alles entbehrend, was zum Wohlsein des Menschen gehört.
In Dewarka erhält er den zweiten Stempel auf den Arm gedrückt
und um seinen Hals eine Schnur mit einem dreieckigen Stein,
auf welchem Dewarkas Götzentempel eingraviert ist. Von da geht
die Reise nach Osten, nach Puri oder Chaggatnath, immer unter
gleichen Verhältnissen, Gefahren und Entbehrungen. Zu den
Stempeln von Kanya und Dewarka muß auch der Stempel von
Puri kommen, und als Zeichen dieser Wallfahrt der große Son-
nenschirm, unter welchen er die drei Stäbe von Kanya und
ein Säcklein bindet, in welchem sich zweiundzwanzig Körner
Götzen-Reis befinden, die er als Mahaprasad in Puri erhielt.
Das sind nun Heiligtümer, welche der Wallfahrer höher achtet
als allen Reichtum und die er bis zum letzten Atemzuge verteidigen würde. Aber noch fehlt das Schlußglied in der Kette seiner Wallfahrten; es muß zu den vorhandenen drei Stempeln
noch der vierte kommen. Obschon seit vielen Jahren auf der
Reise, müde und abgehärmt, so unternimmt der Pilger doch noch
die vierte Wallfahrt. Quer geht es durch Indien nach dem Westen, wo in der Präsidentschaft Bombay, in Harduar, Indiens
vierter großer Wallfahrtsort sich befindet. Dort erhält er den
letzten Stempel, und als Abzeichen ein Bild der Göttin Kali. Jetzt
hat er alle Vorbedingungen erfüllt, nun kann er sich zum Eintritt in den Sanyassiorden melden. Er wandert deshalb wieder
von neuem Benares, der heiligsten Stadt der Hindus am Ganges, zu, wo der Hauptsitz der Mat, des Ordens, ist, und wo der
oberste Guru, der Ordensgeneral, wohnt.

Er tritt nun als Novize ein und hat als solcher die Reini-
gungszeremonien durchzumachen. Sein Haar wird glatt abrasiert.
Drei Jahre lang hat er nun zu studieren und dabei allerlei
Dienste zu verrichten. Er läutet die Götzenglocken, wäscht seinen
Vorgesetzten die Füße, ist Tempeldiener und hat den Pilgern,
welche alljährlich zu Hunderttausenden nach Benares strömen,
hilfreiche Hand zu leisten. Hier wird nun auch durch ein gewisses
Erziehungssystem der letzte Rest seines Eigenwillens gebrochen
und sein eigen Ich ganz von der Welt getrennt. Ist er so weit
gebracht, so tritt er vor den Guru und dieser murmelt einige

Gebete und Sprüche aus den Vedas in sein Ohr. Dann erhält er die Mala, die Halskette der Sanyassi, umgelegt. Nochmals wird ihm ein Stempel, der Stempel des Ordens, auf den Leib gebrannt, ein neuer Name ihm gegeben, und nun hat er endlich nach vielen, vielen Jahren des Reisens, Dienens und Lernens seinen höchsten Wunsch erreicht. Er ist Sanyassi. Erst jetzt wird er in die Mysterien des Ordens eingeweiht und erst jetzt erhält er das Paßwort, mit welchem er sich seinen Genossen allerorten bekannt geben kann. Und was hat er gewonnen? Keine Reich= tümer, denn er bleibt Bettler sein Leben lang. Er darf weder heiraten, noch ein Heim sein eigen nennen, noch Besitztum haben; Gold und Silber darf er nicht empfangen, nur Speise und Trank, seinen Leib zu erhalten. Nie darf er mehr in einem Hause wohnen, sondern lebenslang muß der offne Himmel seine Decke sein, unter welcher er sich niederlegt; nicht in einem Bett darf er ruhen, sondern auf seinem Hirschfell, das er überall mit sich nimmt. Ob die Sonnenglut ihn brennt, die Regengüsse auf ihn niederströmen oder die rauhen Winde der kalten Zeit über ihn ziehen: sein Haus bleibt die offene Welt. Keine Wand darf ihn umschließen, bis er endlich ins enge Kämmerlein gebettet wird, worin sein Körper für immer ruht.

Alles was dem Sanyassi zuteil wird, ist Ehre. Als Heilige werden sie angebetet und als Lehrer des Volkes und als Gurus werden sie verehrt. Man geht aber doch nicht fehl, wenn man annimmt, daß ein großer Teil der Sanyassi in ihrem Stande das nicht findet, was er suchte. Ruhe und Frieden findet keiner. Wohl begnügen sich viele mit der Ehre, am Ende ist's aber doch das Seelenheil, das die meisten erstreben, und um deswillen sie allen Annehmlichkeiten des Lebens entsagen.

Folgende Lebensgeschichte eines Sanyassi ist ein Beispiel aus vielen. In einem Dorfe unweit Mirsapur in den Nordwest= Provinzen Indiens lebte vor kurzem ein Brahmine, der einen einzigen Sohn, Namens Hirapuri („voller Diamanten"), besaß. Einst lagerten sich acht Sanyassi unweit seines Hauses, welche dem Herkommen gemäß von diesem wohlhabenden Brahminen mit Speise und Trank versehen wurden. Der etwa vierzehn=

jährige, sehr aufgeweckte und religiös angelegte Knabe saß nun
gerne und so oft er konnte bei diesen Leuten; mit Verwunderung
hörte er den Erzählungen von ihren Reisen und ihren Schilde=
rungen der heiligen Wallfahrtsorte zu. Er hörte von Kashi, von
Benares, der heiligen Stadt mit ihren unzähligen Tempeln, wo
schon die Erde, die Luft, wie der Ganges die Bewohner fürs
jenseitige Leben heiligt. Dies alles übte einen so überwältigen=
den Einfluß auf das Gemüt des Knaben aus, daß er einige
Zeit nach dem Abzug der Sanyassi vom elterlichen Hause fortlief,
um letztere wieder einzuholen und mit ihnen die Wallfahrt nach
einem heiligen Orte mitzumachen. Die Eltern ahnten wohl, wo=
hin ihr Sohn sich gewendet haben möchte, deshalb machte die
Mutter sich auf und zog ihm von Ort zu Ort nach, bis sie ihn
endlich in Dewarka in Sind fand, wohin ihn die Sanyassi mit=
genommen hatten. Sie brachte ihn wieder mit sich nachhause
zurück, wo er vom Vater voller Freude aufgenommen ward,
denn Hirapuri war eben der einzige Sohn und Erbe und seines
Vaters größter Stolz. Aber nicht lange dauerte es, so war er
wieder verschwunden. Was er gehört, gesehen und erlebt hatte,
war zu tief in sein Herz eingegraben, und der Drang, den
schwierigsten, aber nach seiner Meinung auch sichersten Weg zu
menschlicher Vollkommenheit und ewiger Seligkeit einzuschlagen,
war zu groß, als daß er ihm hätte widerstehen können. Dieses
Mal wendete er sich nach Süden und begann seine Wallfahrt
nach Kanya Kuwari. Wieder zog ihm seine Mutter wochenlang,
monatelang, jahrelang nach; die Liebe zu ihrem Sohne spottete
aller Mühseligkeiten, Gefahren und Entbehrungen der langen
Reise, aber sie fand ihn nicht. In Kanya wurde Hirapuri krank,
und es traf sich, daß er unter die Verpflegung von christlichen Mis=
sionaren kam, welche ihm von einem andern, ihm bisher völlig
unbekannten Weg zur Seligkeit erzählten. Hier hörte er zum
erstenmal: Es ist in keinem andern Heil, ist auch kein anderer
Name den Menschen gegeben, darinnen sie können selig werden,
als der Name Jesus Christus. Gesund geworden, bewegte er
wohl das Gehörte in seinem Herzen, wurde aber doch von
andern Pilgern und von Sanyassi aufs neue bewogen, auch die

dritte Wallfahrt zu unternehmen, um zu dem Tempelbild von Dewarka und den drei Stöcken von Kanya auch noch das Bild der Kali von Harduar hinzuzufügen. Auch die vierte Reise nach Chaggatnath vollendete er und trat nun in Benares als Novize in den Orden der Sanyassi. Dort erduldete er in der Abtötung seines Fleisches, seines Willens, seines eigenen Ichs die schwersten Prüfungen. Was er vor Jahren von einem Heiland der Menschen gehört hatte, war zwar nicht seinem Gedächtnis entschwunden, denn selig zu werden war sein höchstes Streben, aber in Aberglauben und Götzendienst verstrickt, glaubte er, daß sein Thun und Leiden ihn doch endlich ans Ziel bringen werde. Vollkommener Sanyassi geworden, zog er nun wieder heim in sein väterlich Dorf und vernahm dort zum erstenmal, daß seine Mutter ihm vor vielen Jahren nachgereist, aber nicht mehr zurückgekommen wäre und nun verschollen sei. In der Nähe seines väterlichen Hauses lag er nun als ein Fremdling auf seinem Hirschfell, bis sein Vater starb. Das Erbe ging auf entfernte Verwandte über, und Hirapuri zog wieder heimatlos als Bettler durchs Land, und — was noch schlimmer als alles war — friedelos und freudeleer. Was er mit so viel Entsagen gesucht hatte, war ihm nicht zu teil geworden. So kam er einst auf die Station Bisrampur, krank und elend, an Dysenterie*) leidend, jener mörderischen Krankheit, welche ihre Opfer zu Tausenden unter den Pilgern findet. Zum zweitenmal hörte er nun wieder das Evangelium von Jesu Christo. Oft hatte er, seitdem er Kanya Kuwari verlassen, gewünscht, mehr vom Sünderheiland zu wissen, aber er hatte keine Missionare mehr getroffen. Jetzt, an Seele und Leib gebrochen und erkennend, daß sein Weg ein falscher, selbstgewählter, ungöttlicher gewesen, drang er zum Glauben an Gottes Gnade in Christo durch und wurde in Bisrampur auf den Namen Nikodemus getauft. Gerne hätte man ihn dort behalten, denn als gelehrter Sanyassi hätte er eine erwünschte Kraft im Dienste des Herrn werden können. Aber er wollte nicht bleiben, wollte kein Gold und Silber als Lohn für sein

*) Ruhr.

8

Dienen im Reiche Gottes nehmen, damit es nicht heißen sollte, er wäre um irdischen Gewinnes willen Christ geworden. Er zog fort und lebt nun als Verwalter eines Dorfbesitzers bei Mongheli.

Als Unterabteilung zu den Sanyassi gehörend, jedoch eigene Kongregationen bildend, finden wir über ganz Indien zerstreut, erstens die Nihang, d. h. Leute, welche von Sanyassi zu Jüngern gemacht worden. Sie leben im Cölibat, bedienen die Sanyassi und übertragen ihr Besitztum auf adoptierte Jünger. So ist das Königreich Rajy Nandgaoun ein Besitztum der Nihang. Der König aber, der im Cölibat lebt, ernennt den Thronfolger durch Adoption.

Zweitens erwähnen wir die Hans. Auch diese heiraten nicht, gehen völlig nackt, essen alles, selbst Holz, Glas und Steine, auch Aas und menschliche Leichname. Sie sind kastenlos, werden aber angebetet und so verehrt, daß selbst die Brahminen ihnen die Füße waschen. Sie stehen aber unter dem Oberhaupt der Sanyassi.

Drittens gehören hierher die Bhat, die Dichter. Es sind dies die Improvisatoren Indiens, welche aus dem Stegreif über irgend ein gegebenes Thema, meistens in sehr schöner Form und prächtiger Bildersprache, dichten. Wem ihr Loblied gilt, ob Ganesh oder Mohammed, ob Christo oder Buddha, ob einem guten oder bösen Geiste, ist ihnen ganz gleichgültig. Die Person des Gefeierten ist Nebensache, die Form des Gedichtes ist das Wichtigste. Obschon unter der Sanyassi=Regel stehend, nehmen sie doch Geld, haben persönliches Eigentum und heiraten.

Viertens nennen wir die Basdeo. Diese unterscheiden sich in vielen Dingen vorteilhaft von ihren Brüdern, den Hindus. Zwar bilden sie eine Kaste und leben teilweise nach der Sanyassi= Regel, aber sie verheiraten sich nicht als Kinder, sondern erst als voll ausgewachsene Leute. Sie zeichnen sich vor allen durch große Körperschönheit und Kraft aus und haben, weit mehr als die Hindus, Sinn für Schönheit und Reinheit. Nie wohnen sie in Dörfern mit andern zusammen, sondern bauen ihren Teil außerhalb der Dörfer für sich auf, ein Haus genau so gemacht wie das andere, alle in gerader Linie, zierlich, sauber und nett.

Sogar die Dorfgassen werden von ihnen nicht nur rein gehalten, sondern sogar mit Kalk und Okerzusatz geweißt.

Ihre Wasserkrüge werden nicht in den Häusern, sondern vor denselben aufbewahrt. In der Kleidung tragen sie sich rein und anständig. Gerade diese Basdeo sind ein schlagender Beweis, daß die Degeneration der Hindu zum großen Teil auf die frühen Kinderheiraten, welche die Vedas anordnen, zurückzuführen sind; auch sind sie ein Beweis davon, daß mit dem Besiegen der Kastengesetze, welches keine Zivilisation, sondern nur das Christentum zustande bringen kann, eine Veredlung der Nation in körperlicher ebenso gut wie in sittlicher Hinsicht sicher zu erwarten ist. Die Basdeo sind die Barden Indiens. Acht Monate des Jahres ziehen sie durchs Land, die Heldenthaten der Götter Indiens besingend. In der Regenzeit aber, wenn das Land überflutet ist und die kleinsten Bächlein oft meilenbreite Ströme geworden sind, bleiben sie in ihren Dörfern und nähren sich mit Vieh-, speziell Büffelhandel.

Die evangelische Mission in Chattisghar.

„Die Wege des Herrn sind wunderbar,
aber er führt sie herrlich hinaus!"

Dieses Wort darf man getrost als Motto der Geschichte der deutschen evangelischen Mission in Chattisghar voransetzen. Wenn auch in dieser Mission, wie in jeder Reichsgottesarbeit, welche Menschen treiben, viel Menschliches mit untergelaufen ist und noch mit unterläuft, so hat sich doch von Anfang an die Hand Gottes bei der Gründung der Mission, bei der Auswahl des Arbeitsfeldes und im Erfolg, mit welchem die Predigt des Evangeliums unter den Satnamis gekrönt worden ist, klar gezeigt, daß obiges Wort als Devise gerechtfertigt ist.

Es war im Jahre 1865, als etliche missionsfreundliche Pastoren aus New York und Umgebung im Pfarrhause von Oskar Lohr in New Brunswick, N. J., beisammen saßen. Unter ihnen befanden sich Dr. Busche, Dr. Seibert, Günther, Culner und andere mehr. Durch den früheren Missionar Lohr angeregt, beschlossen sie die Gründung einer evangelischen Missionsgesellschaft. Zuerst erschien nun ein Missionsblatt, welches die deutschen Gemeinden zum Werke willig machen sollte; der Erfolg war ein derartiger, daß schon zwei Jahre später die neue Gesellschaft zur Aussendung des ersten Missionars schreiten konnte. Die Wahl fiel auf den, der hauptsächlich die Sache angeregt hatte, auf Oskar Lohr. Durch seine Vorbildung, seinen Charakter, seine Erfahrungen, die er sich in zehnjähriger Missionsarbeit unter den Khols in Chota Nagpur gesammelt hatte, schien er wie kein anderer geeignet, ein Werkzeug in des Herrn Hand zu werden zur Bekehrung derer, die noch in Finsternis und im Schatten des Todes saßen. Obschon es für den Berufenen ein Opfer war, seine ihm lieb gewordene Gemeinde, in welcher er bisher im Segen gewirkt hatte, zu verlassen, nahm er doch den Ruf als einen Ruf von seiten des Herrn an.

Am 25. November 1867 schiffte sich der neuerwählte Missionar O. Lohr mit seiner Familie in Boston ein und landete sechs Monate später auf indischem Boden, in Bombay. Seine Instruktion lautete: ein solches Arbeitsfeld zu wählen, wo bis dahin keine andere Gesellschaft gearbeitet hatte. Eine ganze Kette von Umständen ließen es ihn als „des Herrn Willen" erkennen, seine Schritte ins Herz Indiens, nach Chattisghar, zu lenken, wo er auch nach mühseliger Reise in Raipur, dem Sitz der Regierung von Chattisghar, seine erste Wirkungsstätte fand. Die englischen Zivil= und Militärbeamten wetteiferten mit einander, dem Missionar in der Etablierung einer Mission behilflich zu sein. Doch bald war es allen klar, daß Raipur nicht der geeignetste Ort sei, um die Mission zu beginnen, und daß nicht die stolze Hindubevölkerung, sondern die armen, unterdrückten und vernachlässigten Chamars das eigentliche Objekt für die Thätigkeit des Missionars werden sollen. Deshalb trachtete Missionar Lohr danach, einen geeigneten Platz womöglich im Zentrum der Chamarbevölkerung zu finden. Mittlerweile gründete er eine Schule für junge Leute aus der Kaste der Chamars, um aus diesen sich Gehilfen für seine Arbeit heranzuziehen. Fünfzehn junge Leute aus Areng ließen sich bereit finden, gegen ein Gehalt von 4—5 Rupies monatlich sich in die neue Schule in Raipur aufnehmen zu lassen. Als aber das Gerücht ausgesprengt wurde, daß diese Leute sämtlich nach England übergeführt werden sollten, um dort verkauft zu werden, verließen die meisten unter ihnen die Schule, um nicht wiederzukehren. Diese Kalamität bewog nun den Missionar, so schnell als thunlich an einem günstigen Platze sich definitiv niederzulassen. Ungefähr in der Mitte zwischen Raipur und Belaspur befand sich um jene Zeit ein von der Regierung konfisszierter Landkomplex, welchen die früheren Besitzer zum Dschungel (Wald) hatten werden lassen, um die Steuerzahlung zu umgehen. Missionar Lohr veranlaßte nun den Verkauf dieses Landes auf dem Auktionswege, blieb aber, weil ein anderer Kaufliebhaber ihn überbot, im Rückstand und zog betrübten Herzens wieder nach Raipur. Es zeigte sich aber, daß der Käufer des Landes ein Beamter war, welcher nach indischem Recht kein Land

besitzen darf. Der Kauf wurde deshalb rückgängig gemacht und
schließlich sah sich die Missionsgesellschaft doch im Besitze dieses
für ihr Werk so äußerst günstigen Platzes. Merkwürdig ist dabei, daß jenes Land das letzte war, das in Indien als Freiland
ohne Steuerbelastung verkauft worden ist. Den Kaufpreis zahlten
zum größten Teil die christlichen englischen Beamten in Raipur.
Nachdem es nun noch gelungen war, ein kleines, inmitten des
gekauften Landkomplexes liegendes Dörflein, Ganeshpur, käuflich
zu erwerben, schritt Lohr zum Bau des ersten Hauses auf dem
von ihm Bisrampur, d. h. Stadt des Friedens, genannten
Platze. Es war dieses ein einstöckiges Erdhaus mit Gras bedeckt, ganz nach Hindu Art und Weise aufgerichtet. Auch wurde
ein Brunnen gegraben, welcher das so nötige Wasser liefern
sollte. Unterdessen hielt der Missionar in dem benachbarten
Dorfe Darchura Schule und predigte dort den Heiden im Freien,
denn der Zudrang der Chamars war so groß, daß kein Lokal
hätte gefunden werden können, das alle Hörer hätte fassen
können. Zu Tausenden umstanden die Leute täglich das Zelt
des Missionars, und vor Mitternacht fand derselbe nicht die nötige
Ruhe. Am heiligen Weihnachtsfeste, nachdem Lohr beinahe ein
Jahr lang in und um Bisrampur gearbeitet hatte, konnte er die
drei Erstlinge aus den Satnamis taufen, von welchen später
freilich wieder einer ins Heidentum zurückfiel. Die Ursache dieses
Schrittes war ein eigentümliches Mißverständnis. Er las im
Katechismus: „Ich bin der Herr, dein Gott," und in der Annahme, daß diese Worte auf den Missionar, der sie geschrieben,
zielten, weigerte er sich, Lohr als seinen Gott anzuerkennen.
Alles Erklären, daß diese Worte nicht Worte des Missionars,
sondern Worte Gottes seien, half nichts, der geschriebene Katechismus bewies ihm das Gegenteil, und er verließ die Station.

Unterdessen arbeitete Missionar Lohr fleißig an der Errichtung der Station. Küche und Ställe wurden erbaut, und aus
der Erde erhoben sich bald die Grundmauern für das neue
eigentliche Missionshaus. Eine Reihe von Erdhütten dienten
zur Beherbergung der Schüler, deren Zahl fortwährend wuchs,
bis die heiße Zeit herannahte und mit ihr die Cholera ihren

Missionshaus Bisrampur.

Einzug hielt. Jetzt verließen viele der Schüler sowie eine Anzahl Arbeiter die Station, doch konnten trotz alledem die Arbeiten fortgesetzt werden, und als die Regenzeit hereinbrach, konnte die vom Fieber sehr heruntergekommene Missionsfamilie ihren Einzug ins neu erbaute Missionshaus halten. Der Brunnen war auch fertig gestellt und lieferte reichlich gutes Wasser.

Bisher war von seiten der Regierung für die Erziehung der Chamarjugend nichts gethan worden. Die neue Mission in Bisrampur aber veranlaßte sie, es in Raipur mit der Errichtung einer Normalschule für Chamars zu versuchen. Zwei Drittel der Schüler Bisrampurs siedelten auf Anraten Missionar Lohrs nun nach Raipur über und bildeten dort die Kerntruppe der neuen Schule. Die Zurückbleibenden waren vom Christentum erfaßt und begierig, mehr vom Heil in Christo zu vernehmen. Sie berechtigten zu der Hoffnung, daß sie sich einst bekehren und als christliche Schullehrer in den umliegenden Dörfern verwenden lassen würden.

In das Jahr 1870 fällt die Gründung der zweiten Missions=
station unserer Synode. Schon im November 1869 wurde ein
zweiter Missionar nach Indien gesandt, aber Kränklichkeit nötigte
ihn schon vier Monate später, wieder die Heimreise anzutreten.
Ein dritter Missionar Namens Frank wurde ausgesandt, welcher
nach halbjährigem Aufenthalt in Bisrampur nach Raipur über=
siedelte. Dies geschah im Juli 1870. Frank kaufte aus eigenen
Mitteln ein Haus, erbaute nach und nach die nötigen Häuser für
die Schüler und Angestellten der Station, mußte aber leider vor
Fertigstellung der Station, durch Kränklichkeit seiner Frau ge=
zwungen, Indien wieder verlassen. Die Arbeit mußte deshalb
aus Mangel an einem Missionar dort aufgegeben werden. Die
Gebäude, welche Frank der Mission geschenkt hatte, wurden ver=
mietet und die Schule aufgelöst.

Es war dem Missionar Lohr unterdessen gelungen, einen sehr
tüchtigen und gut gebildeten Brahminen, welcher in Jubbelpur
die heilige Taufe empfangen hatte, für die Schularbeit in Bis=
rampur zu gewinnen. Es ist dies der in der Mission gut be=
kannte und oft genannte Gangaram, der bis zum heutigen Tage
als Katechist dient.

Das Jahr 1870 war für die Mission ein ereignisvolles Jahr.
Der Herr hatte die Arbeit gesegnet und dem Evangelium Ein=
gang in die Herzen verschafft. Am 17. September konnte die
erste Christengemeinde in Chattisghar organisiert werden; die
Anzahl der Glieder betrug am Ende des Jahres zweihundert
Seelen. Auch war es dem Missionar möglich, etliche der Ge=
fördertsten als Evangelisten auszusenden, um ihren Brüdern
nach dem Fleisch die frohe Botschaft von der Erlösung in Christo
Jesu zu überbringen.

Langsam, aber stetig nahm die Gemeinde zu. Auch Ganesh=
pur hatte schon über hundert Einwohner. Es fehlte allerorten
an Raum für Schulen und gottesdienstliche Zwecke. Deshalb
wurde nun die Kirche und ein Schulhaus in Bisrampur, sowie
eine Schule in Ganeshpur gebaut. Im darauffolgenden Jahre
wurde Missionar Weiß und wieder ein Jahr später Missionar
Hauser ausgesandt, um am Netze ziehen zu helfen. Aber leider

Kirche in Bisrampur.

verließen diese Männer aus verschiedenen Gründen sehr bald
wieder das Werk und kehrten, noch bevor sie die Sprache erlernt
hatten, in die Heimat zurück, und Missionar Lohr stand wieder
allein.   Dabei häufte sich die Arbeit und die Sorgen nahmen zu,
ganz besonders in Bezug auf die Verwendung der jungen Christen
für irgend einen Industriezweig.   Etwas mußte gefunden werden,
sie zu beschäftigen und ihnen die Erwerbung des täglichen Brotes
zu ermöglichen.   Da nun Missionar Lohr in Bisrampur ein Lager
lithographischer Steine entdeckte, fing er an, Versuche mit den=
selben anzustellen.   Sie fielen ermutigend aus, und nach vielem
Probieren und Studieren gelang es ihm, im Verein mit seinen
Söhnen, eine Druckerpresse zu konstruieren und eine Druckerei
herzustellen, aus welcher als Erstlingsfrüchte das „Herzbüchlein"
in Hindi und ein Schulatlas mit acht kolorierten Karten hervor=
gingen.   Nach und nach kamen zu der ersten Presse noch einige
weitere, auch Typenpressen.   Die Aufträge von seiten der eng=

lischen Regierung zur Herstellung von Formularen mehrten sich, und nun beschäftigt diese Presse etwa vierzig junge Leute, hält dieselben unter der Aufsicht der Missionare und ermöglicht ihnen die Gründung eines eigenen Heims.

Im Jahre 1879 wurde von der Gesellschaft nochmals ein Versuch mit der Aussendung eines Missionars gemacht und A. Stoll nach Bisrampur gesandt. Nur kurze Zeit aber blieb er in Bisrampur. Nach etlichen Monaten übernahm er die Station Raipur, wohin ihm Katechist Gangaram als Hilfsarbeiter folgte. Bald wurde nun auch dort die Errichtung eines Schul=

Missionshaus Raipur.

lokals und einer Kirche notwendig und ins Werk gesetzt. Im täglichen Predigen auf dem Bazar und in den umliegenden Dörfern, im Schulehalten und in Predigtreisen während der kalten Zeit fühlte sich Missionar Stoll in einer ihm zusagenden und lieben Arbeit, und wenn auch sichtbarer Erfolg lange aus=blieb, so tröstete er und die Missionsgesellschaft sich mit der Ver=

heißung: „Mein Wort soll nicht leer zurückkehren, sondern aus=
richten, wozu ich es sende." Mittlerweile wuchsen mit der stetigen
Zunahme der christlichen Gemeinden in Bisrampur und Ganesh=
pur die Anforderungen, welche an die Kraft des einzigen Mis=
sionars in Bisrampur, O. Lohr, gestellt wurden. Lag doch auf
seinen Schultern allein das ganze große Werk. Ja, als früherem
Assistenzarzte in englischem Dienste in Calcutta übertrug die Re=
gierung ihm auch noch den ärztlichen Dienst in einem von der
Regierung erbauten Hospital in Bisrampur, wo jährlich sechs
bis sieben tausend Kranke teils behandelt werden, teils Medizin
erhalten. Als daher im Jahre 1883 die Deutsche Evangelische
Synode von Nord=Amerika das Missionsfeld in Chattisghar von

Kirche in Raipur.

der alten Gesellschaft übernahm, wurde Julius Lohr, ein Sohn
des mit der Zeit alt gewordenen O. Lohr, diesem als Gehilfe
in der Verwaltung Bisrampurs beigegeben. Schon jahrelang,
ja von Jugend auf war er seines Vaters rechte Hand in der
Verwaltung, an der Presse, bei den Bauten gewesen, und deshalb
war seine Ernennung zum besoldeten Gehilfen nicht nur weise,
sondern auch gerecht.

Eine Stärkung der Mission und eine Erweiterung des Missionsfeldes konnte auch in anderer Hinsicht von der neuen Gesellschaft, von der Evangelischen Synode, beschlossen werden. Es wurden zwei weitere Missionare, Jost und Tanner, im Jahre 1885 nach Indien abgeordnet. Während der eine von ihnen, Missionar Jost, in Bisrampur blieb, um dort am Werke zu helfen, übernahm Tanner die Leitung der Station Raipur. Missionar Stoll aber wurde beauftragt, eine neue Station zu gründen. Zwölf Meilen von Bisrampur, jenseits des Sionath Flusses im Distrikt Belaspur, gelang es, einen günstig gelegenen Platz käuflich zu erwerben, und nun wurde dort mit dem Bau der dritten Station, Chandkuri, begonnen. Noch war sie nicht gänzlich vollendet, als Missionar Stoll, um seine angegriffene Gesundheit zu stärken, nach Moussouri, am Himalaja gelegen, zog, während Missionar Jost die Station Chandkuri übernahm. Auch dort bildete sich bald, wie in Raipur, eine kleine Christengemeinde, welche heute ungefähr einhundert und zwanzig Seelen beträgt.

Nach dreiundeinhalbjährigem Aufenthalte in Chattisghar mußte Missionar Tanner infolge von zu großer Kränklichkeit seiner Frau und seiner Kinder Indien wieder verlassen und wurde durch Missionar Hagenstein, dem bald Nottrott und zuletzt auch noch Gaß folgten, ersetzt. Auch Julius Lohr, welcher schon im Jahre 1890 zum Missionar in der Kirche von Bisrampur durch seinen alten Vater ordiniert wurde, zählt nun zu den Arbeitern im aktiven Missionsdienst. Klein hat das Werk begonnen, aber der Segen Gottes hat es sichtbar begleitet. Auf den drei Stationen stehen nun sieben Missionare, denen zehn Katechisten und zehn Lehrer zur Seite stehen. In fünf Kirchen versammeln sich die aus dem Heidentum gewonnenen Chamar= und Hindu=Christen, etwa 1100 an der Zahl. Viele sind schon in die Ewigkeit vorangegangen und ruhen, die Mehrzahl derselben, auf Bisrampurs Friedhof. Das Werk aber, zu dessen Beginn O. Lohr den ersten Anstoß gegeben, das er begonnen und dem er bis auf den heutigen Tag vorgestanden hat, wird zunehmen und wachsen, und aus ihm wird ein Segen auf den Kirchenkörper, welcher diese Mission treibt, zurückströmen.

Heidennamen: Bilwa. Manglu.
Christennamen: Benjamin. Dalzadán.

David. Jakob. Joseph. — Christenname.
Fetu. Mandul. Jherihar. — Heidenname.

Missions-Arbeit.

Wie eines jeden Menschen Leben und Wirken sich nach den
Verhältnissen gestaltet, in denen er lebt, so gestaltet sich auch das
Missionsleben und die Missionsarbeit anders unter den Eskimos,
als unter den Negern Afrikas, anders unter den Insulanern der
Südsee, als unter den Chinesen. Die Hauptaufgabe ist zwar
überall dieselbe: Prediget das Evangelium! Der Feind ist
auch überall der nämliche: das Reich der Finsternis. Dennoch
ist es ja unzweifelhaft, daß die Mission unter den Hindus andere
Anforderungen an den Missionar, an sein äußeres Sichverhalten
und Benehmen, an seine geistige Elastizität und seine körperliche
Ausdauer stellt, als z. B. die Mission unter den Eingebornen
Australiens.

Eine Anforderung, welche der Missionsdienst an alle Missionare gleicherweise stellt, sie mögen hinziehen, wohin sie wollen,
ist das Scheiden von Angehörigen, Freunden und vom Vater-
land; ist der Abbruch aller Beziehungen zu dem bisherigen Wir-
kungskreise, das Heraustreten aus den alltäglichen Verhältnissen
eines gewohnten Lebensganges mit seinen mannigfaltigen leiblichen und geistigen Genüssen. Ferner die Anforderung, daß die
Missionare mit allem Ernst und aller Treue sich hineinleben in
ganz neue, oft sehr widerwärtige Verhältnisse, in neue Sprachen,
Umgangsformen, Wohnungsverhältnisse und Lebensbedingungen,
in Denkungsart, Sitten und Bedürfnisse des Volkes, zu welchem
sie gesandt werden.

Da steht nun also der neue Missionar auf einmal in einem
fernen Land! Fremd ist die Gegend, die sein Auge sieht, fremde
Laute schlagen an sein Ohr, fremde Menschen, deren Äußeres
einen nichts weniger als angenehmen Eindruck auf den An-
kömmling hervorbringt, stehen um ihn her. Ihre Sprache kann
er nicht reden, er braucht die Hilfe eines älteren Bruders im
Verkehr mit ihnen. Er steht freilich nicht ganz allein da; der
Bruder, der vor ihm hinausgezogen und bei welchem er die Landessprache lernen soll, ist ja Europäer und Christ wie er, aber er
wundert sich doch, warum dieser sein Bruder oft so anders redet

und handelt, als er es an seiner Stelle thun würde, und ärgert
sich wohl auch über seine Art und Weise, wie er mit den Leuten
umgeht, und über die sonderbaren Ansichten, die der ältere
Bruder über verschiedene Verhältnisse laut werden läßt. Er ver=
gißt, daß die Schulweisheit, die er gesammelt und auf welche er
so stolz ist, nicht weit reicht, und daß auch er einen Wandlungs=
prozeß durchmachen muß, bis er imstande ist, das Fremde
richtig zu beurteilen und richtig zu behandeln. Unser Missionar
muß sich eben in die Verhältnisse in Chattisghar einleben. Zuerst
in die neue Wohnung. Da fehlt nun freilich mancher Komfort;
das ganze Missionshaus scheint einem neuangekommenen Bruder
durchaus kein liebliches Heim zu sein. Kahle, getünchte (ge=
weißte) Wände, welche wie räudig aussehen, weil der Kalk, mit
welchem die Wände oft überstrichen werden müssen, dick aufliegt
und deshalb stellenweise abfällt. Dazu kommt ein leichtzer=
bröckelnder Kalkfußboden, über welchem abgetretene Bambus=
matten liegen. Anstatt einer soliden Zimmerdecke sieht sein
Auge in Rahmen gespannten, durch den Regen fleckig gewordenen
Musselin, der an Stellen noch immer das durchs Strohdach
sickernde Wasser durchläßt. Ein oder zwei wackelige Stühle, ein
Tisch, ein einfaches, hartes Bett mit einer leichten, oder gar
keiner Decke, das ist das Meublement seines Zimmers. Darin
fühlt der Missionar sich aber doch nicht allein. Er schließt die
Thüre nicht hinter sich zu, wenn er in sein Kämmerlein geht,
aus dem einfachen Grunde, weil keine Thür nach den Innen=
räumen vorhanden ist. Ihre Stelle aber vertritt oft ein kleiner,
in halber Höhe der Thüröffnung angebrachter und nicht ganz bis
an den Boden reichender Vorhang. Im ersten Jahr ist nun dieses
Zimmer der eigentliche Arbeitsplatz des angehenden Missionars,
denn hier empfängt er den Munshi, den Sprachlehrer, und hier
memoriert er die Vokabeln und Regeln der Hindi=Sprache, in
welche die Bibel übersetzt, in welcher überhaupt die gesamte
Litteratur niedergelegt ist, und in welcher Sprache er einst pre=
digen soll. Draußen aber, unter dem Volk, hört er ganz andere
Sprachen: Chattisghari, Urdu, Uria, Bengali und einen Misch=
masch von allen. Dennoch lernt er fleißig Hindi, weil diese

Sprache doch allgemein verstanden und von 80 Millionen Hindus
auch gesprochen wird.*) Weil nun aber dem neuen Missionar
noch die Hände, oder vielmehr die Sprachwerkzeuge gefesselt sind,
hat er Zeit, sich in die neuen Lebensverhältnisse einzugewöhnen.
Es dauert nicht lange, so erschrickt er nicht mehr, wenn ein Skorpion mit aufgehobenem Schwanze über den Boden läuft oder
von der Decke in sein Bett fällt. Er schaut gleichmütig, ja bald
mit Interesse den Eidechsen zu, wie sie an den Wänden auf- und
niederhuschen, Fliegen, Ameisen und anderes Getier jagend.
Das Heulen der Schakale bei nachtschlafender Zeit erweckt ihn
nicht mehr aus seinen Träumen, und blutig geschlagene Köpfe,
abgeschnittene Nasen, zerfetzte Ohren, heulende Weiber, die von
ihren Männern geprügelt worden, verderben ihm den Appetit
nicht mehr zum Reis mit Curry, welch letzterer ihm im Anfang
den Mund und den Schlund beinahe verbrannten. Er denkt
nicht mehr an das Fehlen auffallender Moden, an die „Tracht-
losigkeit" der Leute um ihn her; er ärgert sich nicht mehr über
das ewige cal, cal, d. h. morgen, morgen, wenn er heute etwas
von den Leuten gethan haben möchte. Wenn das erste Jahr zu
Ende gegangen ist und er zum erstenmal zu predigen beginnt,
fängt er seine eigentliche Missionsarbeit schon mit kühlerem Blut
an und hat die Überzeugung gewonnen: jetzt fange ich erst an
zu lernen, und wenn noch etliche Jahre ins Land gezogen sein
werden, so wird es mir möglich sein, das Volk und seine Weise
zu verstehen und etwas im Dienste des Herrn und meiner Brüder
zu nützen.

Schwerer noch als das Gemüt gewöhnt sich bei den meisten
der Körper an das ungewohnte Klima. Längst schon sind die
schweren Kleider, die der Missionar aus dem alten Vaterlande
herübergebracht hat, vorsorglich mit Kampfer eingepackt und
durch ganz leichte Höslein und Röcklein ohne Weste ersetzt worden, denn das Schwitzen hört nicht auf. Stehkragen und Hals-
binde sind vergessene Herrlichkeiten geworden, aber das Atmen

---

*) Es ist kein geringes Verdienst Missionar Lohrs, daß er von Anfang an nicht das
Chattißghari, sondern das Hindi zur Predigtsprache erkor, denn mit dem Hindi erreicht
der Missionar einen viel ausgedehnteren Wirkungskreis als mit dem ersteren. Anm. d. V.

geht deshalb nicht leichter von ſtatten, und obſchon der Strohhut der in der Heimat einſt ſo leicht ſich tragen ließ, einem doppelten Filzhut (eigentlich zwei ineinander geſchobene Hüte) oder einem zolldicken Sonnenhelm hat weichen müſſen, brennt die Sonne dennoch unerträglich heiß auf ſeinen Schädel. Da fängt ihn auf einmal zu frieren an. Umſonſt wickelt er ſich in wärmere Klei= der oder Decken ein, er ſchüttelt ſich und klappert mit den Zähnen. Dann ſtrömt es plötzlich heiß durch den ganzen Körper, uner= träglich heiß, bis der Schweiß von neuem ausbricht und Wohl= befinden ſich wieder einſtellt, wenngleich noch große Mattigkeit vorhanden iſt. Er hat das Fieber, und dieſes kehrt nun mit größeren oder kleineren Unterbrechungen immer wieder, bis es bei vielen, ſozuſagen, der normale Geſundheitszuſtand geworden iſt.

Schlimmer als dieſes einfache Klimafieber ſind aber die Beulen, welche zu gewiſſen Jahreszeiten am ganzen Körper auf= brechen und manche ſchlafloſe Schmerzensnacht im Gefolge haben. Aber alles hat ſeine Zeit, ſo auch die Beulen, ſie machen der Augenentzündung Platz, welche bei manchen Europäern wie bei den Eingeborenen mit erſchreckender Regelmäßigkeit alle Jahre wiederkehrt und ſo vier bis ſechs Wochen ſtändigen „Augendienſt" verlangt. Beſonders wenn die Sonne untergeht und die Nacht hereinbricht, werden bei dieſer Krankheit die Schmerzen uner= träglich, und wehe dem Miſſionshaus, wo einige, vielleicht alle Glieder der Familie zu gleicher Zeit an ihr leiden. Das Weinen und Schreien, beſonders der Kinder, bricht faſt das Herz derer, die noch von der Krankheit verſchont geblieben ſind.

Kann und will der Miſſionar ſich körperlich ſchonen, mutet er ſeinem geſchwächten Leibe nicht die Anſtrengungen zu, die er früher gewohnt war, ſo kann er wohl mit oben genannten Übeln durchkommen. Aber eine kleine Unvorſichtigkeit von ſeiner Seite, eine körperliche Überanſtrengung und er wird ein Opfer der Dyſenterie, der roten Ruhr, und liegt nun ganz hilflos, ganz gebrochen da, wenn nicht Angehörige oder treue Diener für ihn ſorgen und ihn pflegen. Dieſes „Sich=ſchonen=müſſen" bringt es mit ſich, daß der Miſſionar, wenn er nicht in kurzer Zeit ins Grab ſinken will, auf Hilfe von Dienern angewieſen iſt, welche

die äußeren Arbeiten für ihn und seine Familie besorgen, denn
was vom Missionar gilt, gilt auch von der Missionarsfrau. Auch
diese erträgt in nur seltenen Ausnahmefällen körperliche Anstren=
gungen. Sie würde wohl ihre Gesundheit, ja ihr Leben sofort
aufs Spiel setzen, wollte sie es sich zumuten, bei der in Indien
herrschenden Hitze noch am Kochofen zu hantieren. Der ledige
Missionar würde ebenfalls bei solcher Arbeit bald ein Opfer sei=
ner Thorheit werden, ganz abgesehen davon, daß er als Koch
von den Leuten als unrein betrachtet und von ihnen verachtet
werden würde. Es muß also ein Koch angestellt werden, welcher,
sobald die Familie einigermaßen groß ist, ohne die Hilfe eines
Unterkochs oder Handlangers nicht mehr fertig wird. Das
Kastenwesen verlangt es, daß ein Arbeiter immer nur eine ge=
wisse Arbeit verrichte, deshalb ist der Missionar gezwungen, noch
einen Wäscher, einen Wasserträger, eine sogenannte Metrana für
die Arbeit in den Badestuben zu halten. Ohne eine solche Die=
nerin oder solchen Diener würde der Missionar als so unrein
betrachtet, daß man ihn mit Steinen vom Bazar triebe. Da
man in Indien mit Ochsen fährt und letztere von einem Ochsen=
treiber, der auf der Deichsel sitzt, geleitet werden, und zwar in
der Weise, daß er ihre Schwänze dreht, wenn sie schneller laufen
sollen, so wird wohl niemand dem Missionar zumuten, diese
Arbeit selbst zu thun und zwischen den Ochsen sitzend durchs Land
zu kutschieren. Er muß also einen Kutscher haben. Außer diesen
Leuten braucht er aber oft, je nach der Größe der Familie noch
andere Diener, welche alle zusammengenommen nun nicht gerade
das Missionsleben verschönern, sondern in den meisten Fällen
empfindsam verbittern. Es ist diese Dienerschar, auf welche der
Missionar angewiesen ist, ein Übel, aber ein notwendiges, ohne
welches er nicht auskommen könnte, und darum muß er Gott
danken, wenn derselbe ihm treue Diener schenkt. Im allgemeinen
sind die Hindus, wenn auch faul, nachlässig und leichtsinnig, doch
treu gegen einen Herrn, der sie gut behandelt, und schon mancher
Missionar ist durch die Fürsorglichkeit und Treue seiner Diener
dem sicheren Untergang entrissen worden. Es ist ein Glück, daß
unter diesen Umständen die Lohnverhältnisse für den Missionar

ſehr günſtige ſind, indem er einem Wäſcher, je nach der Größe
ſeiner Familie, ſieben oder acht Rupies, einem Kutſcher ſechs,
einem Koch in den Städten zehn bis zwölf, dem Waſſerträger
fünf und der Metrana ebenſoviel monatlich zu zahlen hat. Alles
in allem fünfundvierzig bis fünfzig Rupies oder etwa zwanzig
Dollars, wobei dann dieſe Leute ſich ſelbſt verköſtigen. Freilich
iſt die oben angegebene Anzahl von Dienern nur für eine kleine
Familie berechnet.

Die größten Sorgen bereiten dem Miſſionar ohne Zweifel
die Erziehung und Zukunft der eigenen Kinder. Die Verhältniſſe
bringen es mit ſich, daß dieſelben, beſonders in den erſten Jahren,
viel zu viel den Händen eingeborner Kindermädchen anvertraut
werden müſſen, da die Mutter eben oft krank, ſchwach und hin=
fällig iſt. Üben nun ſchon in ziviliſierten und chriſtlichen Ländern
die Kindermägde nur zu oft einen ungemein nachteiligen Einfluß
auf die Kinder aus, ſo iſt das in erhöhtem Maße in Indien der
Fall. Sie werden nach jeder Richtung hin verzärtelt und ent=
wickeln ſich ungemein langſam. Allein kann man die Kinder
nicht wohl laſſen, und da es ihnen an Spielgefährten mangelt,
in deren Umgang ſie lernen könnten, wie der Menſch oft nach=
geben und ſich unterordnen muß, iſt ihr ſteter Umgang die Ayah,
das Kindermädchen. Von dieſem getragen, gefüttert, überall
geleitet, bewacht und verzogen, kann ſich das Kind dann noch
nicht ſelbſt helfen, wenn in Europa oder in Amerika die Kinder
ſchon längſt auf eigenen Füßen laufen. Es wird noch gefüttert,
wenn es ſchon längſt ſich ſelber bedienen könnte, muß noch an=
und ausgekleidet und in Schlaf geſungen werden, wenn das ſchon
jahrelang nicht mehr nötig wäre. Dagegen entwickelt ſich bei
dieſen Kindern ein ſtörriſcher Eigenſinn — thut ihnen doch die
Dienerin in allen Dingen ſchließlich ihren Willen —, ein ausge=
ſprochener Ungehorſam (denn die Ayah hat kein Mittel, Gehor=
ſam ſich zu erzwingen) und eine frühzeitige Herrſchſucht und Ver=
achtung gegen alle Umgebung. Sind aber die Kinder größer
geworden, ſo fehlt es an geeigneter Schule, an Unterricht, denn
der Miſſionar iſt auf ſeiner Station ſo mit Arbeit überbürdet,
daß er ſeinen Kindern nur wenig Zeit widmen kann. Es iſt

auch) unmöglich, sie von den Heidenkindern in solcher Weise fern
zu halten, daß sie nicht mit ihnen je und dann zusammen kämen.
Geschieht dies aber, so sind sie bald in alle Schliche und Ränke,
in alle Schande und Laster eingeweiht, von welch letzteren so ein
zehnjähriger Heidenknabe oft mehr weiß, als mancher Europäer
in seinem ganzen Leben inne wird.   Die Kränklichkeit der Kin=
der, ihre oft lang andauernden körperlichen Leiden verhindern
auch den Missionar, mit der heilsamen Strenge, wie sie nötig ist,
gegen sie vorzugehen.   Das Resultat ist deshalb nur zu oft ein
körperlich schwächliches, geistig zurückgebliebenes, moralisch ver=
wahrlostes Menschenkind, das sich selbst und andern lebenslang
eine Last wird.   Das ist der Grund, warum viele Missionsgesell=
schaften Einrichtungen getroffen haben, die Kinder ihrer Mis=
sionare in der Heimat zu erziehen, und es den Eltern zur Pflicht
machen, ihre Kinder schon im sechsten oder siebenten Jahre aus
den Missionsfeldern herüberzusenden, damit sie in angemessenen
Anstalten zu nützlichen Gliedern der Menschheit erzogen werden
können.   Es ist dies freilich ein Opfer, das die Eltern bringen
müssen, aber ein heilsames, versüßt durch das Bewußtsein: unsern
Kindern geht es wohl.   Dieses Opfer zu bringen, darf sich der
Missionar um so weniger scheuen, als er von den Heiden noch
viel größere verlangt.   Muß nicht oft ein Hindu Frau und Kin=
der, Hab' und Gut und alles, was er liebt, drangeben, wenn er
Christ wird?   Er thut es um seiner Seele Seligkeit willen.
Sollte der Missionar sich weigern, ein Opfer zu bringen um des
Heiles seiner eigenen Kinder willen?   Leider können unsere
Missionare dieses nur in seltenen Fällen thun.   Sie haben die
Mittel nicht, ihre Kinder in Amerika oder in Europa erziehen zu
lassen.   Hierin Wandel zu schaffen, ist darum heilige Pflicht der
missiontreibenden Kirchenkörper resp. Gesellschaften, die sich nie
der Anwendung des Wortes: „So aber jemand die Seinigen,
sonderlich seine Hausgenossen, nicht versorget, der hat den Glau=
ben verleugnet und ist ärger als ein Heide" werden entziehen
können.

Was dem Missionar an Erholung in passender Gesellschaft
abgeht, an Zerstreuungen, wie sie der immer im gleichen Joche

eingeſpannte Kaufmann, Beamte, Arzt, Gelehrte u. a. m. in
chriſtlichen Ländern ſo notwendig braucht, erſetzt ihm reichlich die
große Mannigfaltigkeit ſeiner Pflichten, die Abwechſelung, die ſich
ihm in ſeinen Arbeiten darbietet.

Schon die äußere Leitung der Stationsangelegenheiten, wenn
ſie auch den Körper oft ermüdet, hält den Geiſt lebendig. Solch
eine Miſſionsſtation bildet für ſich ein kleines Dorf, denn neben
dem eigentlichen Miſſionshauſe, welches die Wohnräume für die
Miſſionarsfamilie enthält, finden ſich auf der Station die Woh=
nungen für Katechiſten und Evangeliſten, für Lehrer, Diener,
Waiſen u. ſ. w., welche Häuſer das Miſſionshaus, Kirche,
Schule und Anſtaltsgebäude, einen großen Hof bildend, um=
geben. Die meiſten dieſer Gebäulichkeiten, außer dem Miſſions=
hauſe und der Kirche, ſind gewöhnlich aus Lehm aufgeführt und
mit leichten Grasdächern verſehen. Nach jeder Regenzeit gibt
es daher viel zu reparieren, und oft ſind neue Hütten herzuſtel=
len, je und dann iſt auch ein ſolides Haus aufzurichten. Dabei
hat denn in Chattisghar der Miſſionar Baumeiſter, Maurer,
Zimmermann, Kalk= und Ziegelbrenner zu ſein und hat bis in
die kleinſten Details hinein alles anzuordnen und jede Ausfüh=
rung zu überwachen. Er muß die Bauſteine brechen, die Kalk=
ſteine ſuchen laſſen. Das Holz läßt er ſchlagen oder kauft die
Baumſtämme, die er durch ſeine Handlanger zu Brettern, Balken,
Leiſten ꝛc. ſägen laſſen muß. Gewöhnlich von Haus aus mit
ſolchen Arbeiten nicht vertraut, plagt er ſich ab, bis er das Rich=
tige findet, und freut ſich, wenn ſeine Arbeit gelingt. Oft hat er
den Schneider über die Anfertigung ſeiner Kleider zu inſtruieren,
dem Schuſter zu zeigen, wie er die Schuhe zu verfertigen habe,
Dinge, um welche er ſich früher gar nicht gekümmert. Er lernt
nach vielen Verſuchen Brothefe, Tinte, Farbſtoffe u. ſ. w. her=
ſtellen, und hat er eine Anzahl Chriſten um ſich geſammelt, ſo
ſinnt er darauf, wie er ſie beſchäftigen könne, damit ſie ehrlich
und redlich mit ihrer Hände Arbeit ſich erhalten können. Bald
ſind es die Geheimniſſe der Druckerei, bald diejenigen einer
Weberei, über welche er brütet, bald macht er Verſuche mit
Töpferei oder Ziegelbrennerei, und wird endlich ſo ein Induſtrie=

zweig ergriffen, so erfordert die Vervollkommnung in Mitteln,
Wissen und Können ein unausgesetztes Sinnen, Studieren, Pro=
bieren und Sichabmühen. Alle diese Arbeiten neben vielen
andern, Feld= und Gartenbau, Baumpflanzung und Viehzucht,
sind ja eigentlich bloß Erholungsarbeiten des Missionars, Haupt=
arbeit ist ja die Predigt des Evangeliums, die Schulung der
Kinder, die Unterweisung der Taufkandidaten, die Ausbildung
fähiger Christen zu Lehrern und Katechisten und der Ausbau
seiner aus dem Heidentum gewonnenen Christengemeinde. Wo
auf älteren Missionsfeldern schon wohlorganisierte Stationen sich
vorfinden, welche mit etlichen Missionaren besetzt sind, erleichtert
eine Arbeitsteilung das ganze Werk erheblich. In unserer Chat=
tisghar=Mission aber liegt, mit nur einer Ausnahme, auf jedem
einzelnen Missionar die volle Arbeitslast ganz allein.

Die Bewältigung der Sprache und womöglich auch der
Dialekte ist, wenn auch das Haupterfordernis für den Missionar
zur Predigt des Evangeliums, doch nicht das einzige Studium,
dem er mit allem Fleiß obzuliegen hätte. Er muß die Leute,
mit denen er es zu thun hat, ihre Religionen, Anschauungen und
Charaktere kennen lernen, denn anders ist ein Chamar, anders
ein Hindu zu behandeln, und wenn auch das Evangelium an
allen Orten und zu allen Zeiten ein und dasselbe ist und bleibt,
so ist es dem Satnami in anderer Form als dem Brahminen
darzustellen, und ein Fakir braucht andere Unterweisung als ein
Sanyassi. Während ein gutgeschulter Hindu oft mit den spitz=
findigsten Fragen den Missionar in die Enge zu treiben versucht
und ihm Gelegenheit gibt, seine Schlagfertigkeit zu beweisen,
steht der Missionar dem einfältigen Bauer oft ratlos gegenüber,
weil dieser es nicht verstehen kann, wie die Worte des Missionars:
„Ich bin der Herr, dein Gott," auf jemand anderes hinweisen als
eben auf die Person des Missionars, der doch diese Worte spricht.

Wo viel Licht ist, ist auch der Schatten am tiefsten. Das
gilt von der Arbeit unter den Heiden ganz besonders. Schön,
herrlich ist das Amt eines Predigers des Evangeliums in der
Heidenwelt, aber es fordert nicht nur harte Arbeit und mühe=
volles Ringen, es bringt auch viele und schwere Enttäuschungen

mit ſich. Ja, wenn es ſo wäre, wie das Titelbild auf unſerem „Miſſionsfreund"*) die Sache darſtellt! Da ſteht der Miſſionar und predigt. Auf der einen Seite hören ihm die Heiden andäch= tig zu, auf der andern Seite zerſchlagen ſie in heiligem Eifer mit ihren Keulen ihre Götzen. Es iſt dies aber in Wirklichkeit leider nicht der Fall. Es muß der Miſſionar oft auf dem Bazar ſtehen und reden, er muß weite Strecken reiſen, in vielen Dörfern predigen, manches Götzenfeſt beſuchen, bis er eine Seele findet, die, vom Wort ergriffen, ſich ihm mit der Frage naht: „Was muß ich thun, damit ich ſelig werde?" Neben wenigem Wider= ſpruch findet er überall Zuſtimmung, aber das geſchieht aus Höflichkeit, und gerade die Leute, welche ſoeben dem Miſſionar beipflichteten und ſein „gutes Wort" rühmten, kann der Miſſionar nach beendeter Predigt beobachten, wie ſie am Teiche den Lingam aus Erde bauen und ihn anbeten oder der Sonne göttliche Ehre erweiſen. Hinter Kaſtenregeln und Kaſtengeſetzen verſchanzt ſich die Sinnlichkeit und Ungerechtigkeit der Hindus als in einer Feſtung, in welche Breſche zu legen für den Miſſionar ungemein ſchwierig iſt. Überall trifft er auf Mißtrauen gegen alles Fremde, auf anerzogenen, von Jugend auf genährten Aberglauben, auf Bigotterie und Fanatismus, auf Gleichgültigkeit und grenzen= loſen Leichtſinn, während bei der Mehrzahl der niedrigſten Kaſten und der Kaſtenloſen ihm eine namenloſe Verkommenheit und eine unglaubliche Stupidität in Bezug auf das Erfaſſen der Heils= wahrheiten entgegentritt. Die größten Enttäuschungen bereitet ihm aber die Heuchelei und Lügenhaftigkeit der Heiden. Die Hindus ſind zu ſcharfe Denker, um nicht zu wiſſen, daß ſie von den Shastras, ihren heiligen Büchern, von den Brahminen, von ihren Prieſtern und Gurus belogen werden. Sie trauen deshalb niemandem und belügen ebenfalls, ſoviel ſie können. Der Miſ= ſionar darf deshalb nicht erwarten, daß ſie ſeinen Worten gleich von vornherein Glauben ſchenken ſollen; er muß es auf ſich nehmen, ſelbſt als Lügner und Betrüger angeſehen und mit gleicher Münze wie die Götzenprieſter bezahlt zu werden. Ein neuer Miſſionar iſt daher oft verſucht, ein hartes Urteil über

*) Das Miſſionsblatt der Deutſchen Evangeliſchen Synode von Nord-Amerika.

einen älteren Bruder abzugeben, wenn er sieht, wie derselbe
Kranken Heilmittel und Gebrechlichen Unterstützung versagt, ja,
selbst solche, welche als heilverlangende Sünder ihm sich nahen,
mit scharfen Worten von sich weist. Er merkt eben noch nicht,
daß diese kranken Opiumesser oder Hanfraucher nur Simulanten
sind, daß die Gebrechlichen nur Taubheit, Blindheit, Lähmung
und viele Schäden erheucheln, um das Mitleid zu erregen, und
daß mancher Heide unter heuchlerischem Vorgeben christlicher
Gesinnung den Missionar nur auszubeuten sucht. Einst wurde
mir ein junger, hübscher Mann, ein Apothekergehilfe im Re=
gierungshospital, als ein Mann mit christlicher Gesinnung vorge=
stellt, der die Wahrheit suche und das Evangelium liebe. Er be=
suchte mich des öfteren, erzählte von seinen Leiden, welche er von
Familienangehörigen um seiner christenfreundlichen Gesinnung,
seines Lesens der heiligen Schrift und seines Betens willen ausge=
setzt sei, und fügte dem die Bemerkung hinzu: Aber wenn ich
bedenke, wie viel mein Heiland um meinetwillen gelitten und aus=
gestanden hat, um mich, der ich sein Feind war, zu erlösen und
selig zu machen, so komme ich mir jedesmal verächtlich vor, wenn
ich um meiner kleinen Trübsal willen klagen möchte. Thränen
waren in seinen Augen, wenn er so redete, und doch war dieser
Mensch nichts anders, als ein abgefeimter Lügner und Betrüger,
der viele Missionare und eingeborne Christen ausplünderte, bis
er endlich auf der Flucht vor der Polizei in einen Brunnen fiel
und ertrank.

Hat der Missionar aus den vielen Tausenden, denen er auf
Märkten und Dörfern, auf Götzenfesten und Landstraßen gepredigt
hat, einige Taufbewerber gefunden, oder sind Leute, bewogen
durch das Lesen der heiligen Schriften und christlicher Traktate,
welche durch Katechisten und Lehrer verteilt worden, zu ihm ge=
kommen, so hat er dieselben in mehr oder weniger regelmäßigen
Lehrstunden in den christlichen Heilswahrheiten zu unterrichten,
bis sie nach längerer oder kürzerer Zeit zum Empfang der heiligen
Taufe sich bereit erklären. Immer ist es aber nur ein kleiner
Teil der Taufbewerber, welcher schließlich durch die Taufe in den
Schoß der christlichen Kirche aufgenommen werden kann. Mancher

scheut in letzter Stunde noch vor den Opfern zurück, welche die
Taufe ihm auferlegt. Ein anderer muß sich noch der Gewalt und
Überredung seiner Angehörigen fügen, ein dritter muß vom
Missionar auf spätere Zeiten vertröstet werden, weil derselbe noch
nicht die Gewißheit hinsichtlich seiner Aufrichtigkeit erlangt hat.
Aber wenn alle seine Arbeit am Ende auch nur an einem ein=
zigen mit Erfolg gekrönt worden ist, so freut er sich doch könig=
lich; ist doch die Rettung auch nur eines Menschen aus der Nacht
und dem Grausen des Heidentums wohl die Mühe und Arbeit
eines ganzen Jahres wert.

Jedem nüchternen Beobachter der Zustände heidenchristlicher
Gemeinden ist es selbstverständlich, daß solche aus dem Heiden=
tum gewonnenen neuen Gemeinden nicht wie die alten christlichen
Gemeinden Europas und Amerikas behandelt und bedient werden
können. Wohl gibt es in jeder Missionsgemeinde einzelne
Christen, welche so ganz unter der Leitung des Geistes Gottes
stehen, daß sie als Vorbilder auch für unsere heimatlichen Christen
dienen könnten, aber die große Mehrzahl der Neugewonnenen
gleicht eben doch nur Kindern, aus welchen erst Männer in Christo
erzogen werden müssen. Der Maßstab für das, was von ihnen
verlangt werden kann, und für das, was sie zu leisten vermögen,
ist ein anderer, als der, den man an unsere Christen legen kann
und legen muß. Mit der Muttermilch eingesogene Anschauungen
von Anstand und guter Sitte, anerzogene falsche Ansichten von
Recht und Unrecht, von gut und böse können unmöglich in ganz
kurzer Zeit ausgerottet und durch ganz neue ersetzt werden. Es
braucht Zeit, oft lange Zeit, bis alles heidnische Wesen aus einer
Missionsgemeinde ausgemerzt ist. Da heißt es eben für den
Missionar, den Bogen nicht zu straff zu spannen, Geduld zu üben
und immer neue Geduld, bis er Schritt für Schritt dem Ziele
endlich näher kommt. Die selbständige Leitung der Angelegen=
heiten einer Gemeinde kann aber für viele Jahre nicht in die
Hand der Gemeinde selbst gelegt werden, und selbst wo solches
hat geschehen können, steht die Überwachung bei den Missionaren.

* * *

Zur Zeit, wenn die Sonne hinter einer meilenhohen Wolken=
schicht für einige Monate verschwindet, wenn das Ohr Tag und
Nacht das gleichmäßige Plätschern des Regens vernimmt und
das Auge ringsum nur Wasser und Schmutz und Schmutz und
Wasser sieht; wenn in den Häusern die Atmosphäre derjenigen
einer Badestube gleicht, wobei alles naß und durchfeuchtet ist, so
daß der Missionar seinen Tabak zuerst am Feuer trocknen muß,
wenn er ein Pfeischen rauchen will, während drückende Schwüle
ihm Tag und Nacht den Schweiß aus allen Poren treibt: dann
ist die Zeit da, wo der Missionar hauptsächlich sich auf Schulehal=
ten und auf den Unterricht der Gefördertsten legt, um sich Hilfs=
arbeiter, Katechisten, zu erziehen. Es sind diese geistlichen Helfer
dem Missionar wohl ebenso notwendig, ja noch unentbehrlicher
als seine Diener. Mag er auch noch so gelehrt sein, noch so gut
die Landessprache verstehen, sich noch so sehr in die Verhältnisse
eingelebt haben, der Missionar bleibt doch immer ein Fremdling,
und sein Fühlen und Denken ist ein anderes, als das seiner
Umgebung. Zudem ist es bis jetzt noch keinem Missionar ge=
lungen, auch dem alten Missionar Lohr nicht, die Umgangssprache
der Landbevölkerung, das Chattisghari, zu bemeistern. Nur I.
Lohr macht hierin eine Ausnahme, weil er als Kind mit andern
Kindern auf der Gasse die Sprache gelernt. Aber auch die
Sprachkenntnisse sind nicht genügend, man muß fühlen und
denken, wie das Volk fühlt und denkt, wenn dasselbe verstehen
und erfassen soll, was man sagt; und darum stehen eingeborne
Katechisten und Lehrer dem Volke näher als die fremden Mis=
sionare, es sei denn, daß durch langjährige Wirksamkeit der
Missionar die Liebe und mit ihr das Zutrauen der Bevölkerung
erworben hat. Die Liebe ist der beste Schlüssel zu den Herzen.
Treue, aufrichtige, gläubige Katechisten, Leute, die ihre Brüder
nach dem Fleische lieb haben und von dieser Liebe gedrungen
auch Trübsal, Leid und Verfolgung um ihres Herrn und Meisters
willen gering achten, solche Mitarbeiter sind notwendig, wenn
das Werk gedeihen soll. Es ist daher eine besondere Gnade
Gottes, wenn es der Herr dem Missionar gelingen läßt, die
rechten Leute zu finden, und der Unterricht, welcher ihnen zu teil

wird, ist eine Arbeit des Missionars, die wohl die meisten Früchte
trägt. Viel Kopfzerbrechen haben aber schon die Fragen ver=
ursacht: Sind hohe oder niedere Kastenleute als Katechisten vor=
zuziehen? Wie ist ihr Verhältnis zum Missionar und zu der
Bevölkerung zu gestalten? Wann ist der Augenblick gekommen,
wo ein Katechist ordiniert werden und ihm eine mehr selbstän=
dige Stellung übertragen werden kann?

Wer in Indien gelebt hat und Brahminen und niedere Kasten=
leute oder Kastenlose kennt, wird ohne langes Besinnen geneigt
sein, Leute hoher Kasten als Katechisten den anderen vorzuziehen,
denn sie überragen dieselben in jeder Beziehung: im Aussehen,
Auftreten, in Fähigkeiten und, was in Indien sehr ins Gewicht
fällt, an Ansehen und Ehre bei der Gesamtbevölkerung. Bei
reiflicher Überlegung möchte aber doch das Endurteil ein anderes
werden, insofern die Kastenfrage allein in Betracht kommt. Ein
Brahmine, der Katechist geworden, ist doch in der Meinung der
Eingebornen von seinem hohen Stande herabgestiegen, und was
er dafür eingetauscht hat, hat in ihren Augen keinen Wert. Das
Christentum, welches er verkündigt, zeigt sich gerade an seiner
Person als eine Lehre, welche nicht verherrlicht, sondern degra=
diert; denn der Mensch siehet, eben auch in Indien, nur das, was
vor Augen liegt, und nicht den Zustand der Herzen. Anders
erscheint das Christentum, wenn ein Katechist aus der Satnami=
Sekte, aus der Kaste der Chamars, dasselbe anpreiset. Hier
haben die Leute einen Menschen vor sich, der aus der tiefsten
geistigen, moralischen und leiblichen Verkommenheit emporge=
hoben ist und nun als achtungswerter Mann dasteht. Er ist
nicht mehr der unwissende, überall verachtete Chamar, der vor
jedem Hindu niederfällt, nicht mehr der nackte Kuli, dem jeder
eine Last aufbürden kann, sondern er steht da als einer, der auch
im Äußerlichen von der Macht des Evangeliums zeugt. In ihm
erscheint das Christentum nach außen hin nicht als eine das Hohe
erniedrigende, sondern das Niedrige erhöhende Religion, und
das ist kein zu verachtendes Moment, denn auch der einfältigste
und gedankenloseste Hindu versteht es, weil er es sieht. Was
niedrig ist, das hat Gott erwählet, daß es etwas sei. Freilich

empört sich der Stolz der Hindus wieder gegen Chamar-Katechisten
und -Lehrer, und sie horchen lieber einem Brahminen zu, weil
diese ja doch so wie so ihre natürlichen Lehrer sind. Wo aber
der Stolz sich empört, da entsteht Kampf zwischen gut und böse,
zwischen Lüge und Wahrheit, und ohne diesen Kampf gibt es
auch keinen Sieg des einen über das andere.

Es liegt in der menschlichen Natur, daß das Steigen von
einer niederen auf eine höhere Stufe in der menschlichen Gesellschaft leicht Stolz und Überhebung hervorruft und dadurch dem
kindlichen Glauben und einfältigen Wandel Abbruch thut. Diese
Erfahrung haben die Missionare schon oft gemacht, gerade an
den Chamar-Katechisten unserer Mission in Chattisghar. Einem
Brahminen-Katechisten ist es leichter, demütig zu bleiben, als den
andern. Aber allzustreng darf da doch nicht geurteilt werden. Bei
aller Demut gegen Gott und gegen Menschen darf doch ein Christ,
und ganz besonders einer, der durch die Gnade Gottes etwas
Rechtes geworden ist, auch sein Haupt erheben, das er früher
gegen jedermann in den Staub beugte. Ein Christ ist ein Mann,
der sich selbst achtet und sich frei fühlt, und diese Selbstachtung
und die Bethätigung männlicher Freiheit darf bei Katechisten,
welche einst Chamars, Sklaven, waren, nicht zu schnell als sün-
dige Überhebung betrachtet werden. Der Mensch wächst mit
seinen Zielen, und der Missionar wird sich nicht schlechter stehen,
wenn er ein halbes Dutzend Männer um sich als Gehilfen hat,
an Stelle von ebensoviel willen- und urteilslosen Bedienten.
Auch den Heiden und den aus ihnen gewonnenen Christen kann
es nicht schaden, wenn die Katechisten so gestellt sind, daß sie im
Dienste des Herrn menschenwürdig leben, sich ordentlich kleiden
und die dem Amte eines Lehrers zukommende Autorität besitzen
und ausüben. Die Niederdrückung des niederen Klerus durch
die Bischöfe in vergangenen Jahrhunderten hat den unheilvollsten
Einfluß auf die gesamte christliche Kirche ausgeübt. Das Richtige
in dieser Sache zu treffen, ist ein Problem, dessen Lösung bisher
in der Hand der einzelnen Missionare liegt und von ihren Ansichten und Gefühlen abhängig ist.

Das Ziel, welches jede Mission anstrebt, ist nicht dasjenige
politischer Staaten mit ihren überseeischen Kolonien. Die Mission

will fremde Völker nicht in ein Abhängigkeitsverhältnis zur
Missionsgesellschaft oder zu einem Kirchenkörper bringen, sondern
von allen Banden frei machen. Es wird freilich noch lange
dauern, bevor wir sagen können: „In Chattisghar braucht's
keine Missionare mehr;" es wird noch lange dauern, bevor eine
selbständige nationale Kirche der Hilfe entbehren kann, die wir
senden. Aber jene Zustände sind doch das Ziel, das wir im
Auge halten müssen. Darum wirft sich auch die Frage auf:
Wann ist der Zeitpunkt gekommen, wo wir Katechisten ordinieren
und ihnen selbständige Stellungen zuweisen werden? Dieser
Augenblick ist gekommen, sobald man erkannt hat, daß das
Evangelium im Munde eines Eingebornen gerade so viel Kraft
hat, als im Munde eines Europäers; ist gekommen, sobald eine
Persönlichkeit oder mehrere sich finden, welchen man mit ebenso=
viel Freudigkeit das Amt anvertrauen kann, als man es Euro=
päern gegenüber zu thun gewohnt ist, und sobald diejenigen not=
wendigen kirchlichen Einrichtungen vorhanden sind, welche dem
eingebornen Pastor zur Richtschnur und zum Rückhalte dienen.
Dazu gehört vor allem eine feste Organisation des gesamten
Missionswerkes, eine Arbeitsteilung, welche nicht im Belieben
des einzelnen steht, sondern von kompetenter Seite verfügt wird,
dazu gehört eine anerkannte Übersetzung der heiligen Schrift, ein
klar abgefaßter und mit der Schrift übereinstimmender volks=
tümlicher Katechismus, eine obligatorisch eingeführte Agende nebst
einem evangelisch=christlichen Kirchengesangbuch. Sind diese Be=
dingungen vorhanden, so ist es an der Zeit, eingeborne Kräfte
zu verwerten, um ohne Mehrbelastung der Missionsgemeinde in
der Heimat die Seile in der Heidenwelt weiter spannen zu
können.

Gottes Segen über alle, welche sein Werk lieb haben und
mithelfen, daß Jesu Name alle Wolken des Götzendienstes, des
Unglaubens und Aberglaubens durchbrechend in die Herzen vieler
Elenden hineinleuchte, Trost und Licht, Kraft, Heil und Leben
bringend.